O QUE É MARKETING DIGITAL EM 2024?

Reinvente sua estratégia de marketing com as últimas tendências e tecnologias

O QUE É MARKETING DIGITAL EM 2024?

Reinvente sua estratégia de marketing com as últimas tendências e tecnologias

Vincent Lefebvre

ISBN-13: 9798877050426

Design da capa por: Vincent Lefebvre

Ao meu filho Auguste

ÍNDICE

PREFÁCIO

Por Jean Darmanin, Especialista em Marketing Digital e Inovação Tecnológica

Num mundo onde a mudança é a única constante, o marketing digital continua a evoluir a um ritmo vertiginoso, moldado pelos avanços tecnológicos e pelas transformações sociais. Como especialista nesta área dinâmica, tive o privilégio de testemunhar e participar nestes desenvolvimentos, observando como estão a redefinir a forma como as marcas interagem com os seus públicos.

O livro que você tem em mãos é uma exploração profunda e perspicaz desse cenário em constante mudança. Vincent Lefebvre, com notável experiência e visão, guia-nos através das principais tendências do marketing digital de 2024, revelando as estratégias, ferramentas e técnicas que estão moldando o futuro desta indústria.

Da análise preditiva à inteligência artificial, realidade aumentada e blockchain, este livro não descreve apenas as tecnologias; explora seu impacto prático no marketing e como eles podem ser usados para criar experiências de cliente mais ricas e personalizadas. Vincent Lefebvre não só nos oferece uma visão de como será o marketing digital num futuro próximo, mas também conselhos práticos e estudos de caso para ilustrar como estes conceitos ganham vida no mundo real. Este livro é uma leitura essencial para profissionais de marketing, empreendedores, estudantes e qualquer pessoa interessada na fascinante interseção entre tecnologia e marketing. Como leitor, você estará preparado não apenas para compreender as tendências atuais, mas também para antecipar mudanças futuras, posicionando-se na vanguarda da inovação em marketing digital.

Prepare-se para mergulhar em uma jornada pelo cenário em evolução do marketing digital, onde inovação, criatividade e estratégia se encontram para moldar o futuro de como nos conectamos, comunicamos e convertemos no mundo digital.

INTRODUÇÃO

"O maior risco é não correr riscos."
Mark Zuckerberg

1.1. Definição e Escopo

Imagine um mundo onde cada interação, cada clique, cada compartilhamento na Internet molda uma história, uma história que fala sobre você, sobre mim, sobre todos nós. É aqui que o marketing digital ganha vida. Mas o que é realmente marketing digital em 2024? Não se trata apenas de anúncios ou postagens nas redes sociais. É uma teia complexa, tecida com delicadeza, conectando tecnologias, estratégias e histórias humanas.

O marketing digital, na sua essência, é esta conversa contínua entre marcas e consumidores, facilitada através de uma infinidade de canais digitais. Abrange tudo, desde SEO, que ajuda as pessoas a encontrar as respostas às suas perguntas no Google, até anúncios no Facebook que parecem conhecer suas necessidades antes mesmo de você. Em 2024, esta definição foi expandida, abrangendo tecnologias avançadas como inteligência artificial, realidade aumentada e muito mais.

Mas por que isso é importante para você? Porque, seja você um empreendedor, um estudante, um artista ou simplesmente um curioso sobre tecnologia digital, entender o marketing digital é como ter a chave de um reino imenso e em constante evolução. É compreender como as mensagens são direcionadas, como as marcas se conectam com os seus públicos e como, em última análise, essas interações moldam a nossa sociedade.

Nesta viagem pelo marketing digital em 2024, você descobrirá não só seus componentes, mas também seu impacto e abrangência. Você verá como isso influencia decisões de compra, molda opiniões e constrói comunidades. E o mais importante, você aprenderá como ele pode ser usado de forma ética e eficaz para criar um mundo melhor, mais conectado e mais consciente.

Então embarque nesta aventura. Descubra como o marketing digital evoluiu, como funciona agora e, acima de tudo, como moldará o nosso futuro.

1.2. Desenvolvimento histórico

Para apreciar plenamente o cenário do marketing digital em 2024, é fundamental olhar para trás, para entender de onde viemos. O marketing digital, tal como o conhecemos hoje, é o resultado de uma evolução fascinante, uma dança entre a tecnologia e as necessidades humanas, entre a inovação e a criatividade.

Voltemos à década de 1990, o início da era digital. Foi a época em que a Internet dava os primeiros passos nos lares. Os sites eram simples, muitas vezes apenas texto em um fundo simples. O marketing digital naquela época era rudimentar – pense nos banners, nos primeiros e-mails de marketing. Era novo, emocionante, mas ainda muito básico.

Depois veio o novo milénio e, com ele, uma revolução. Mecanismos de busca como o Google começaram a moldar a web. Nasceu o SEO, transformando a forma como o conteúdo é encontrado e consumido. As empresas começaram a compreender a importância de terem visibilidade online e o marketing digital assumiu uma nova dimensão.

A década de 2010 marcou a ascensão meteórica das redes sociais. Facebook, Twitter, Instagram e, posteriormente, TikTok redefiniram a comunicação. O marketing digital tornou-se mais pessoal, mais direto. As marcas não falavam mais "para" seu público, mas "com" ele. Foi a era do engajamento, da criação de conteúdo, da narrativa.

E agora, em 2024, estamos na era da hiperpersonalização e da integração tecnológica. A inteligência artificial e a ciência de dados transformaram o marketing digital em uma experiência sob medida. Cada interação online é analisada, todos os dados são usados para criar campanhas mais relevantes e eficazes. A realidade aumentada e a realidade virtual abriram novas fronteiras, permitindo experiências imersivas e interativas.

Este desenvolvimento não é apenas tecnológico. Reflete uma mudança na nossa forma de comunicar, consumir e viver. O marketing digital em 2024 não é apenas um conjunto de ferramentas e técnicas. É um espelho da nossa sociedade, dos nossos valores, das nossas aspirações.

Ao entender essa história, você nunca mais verá um simples anúncio online da mesma forma. Você verá um capítulo de uma história em constante mudança, uma história onde você é tanto espectador quanto ator.

1.3. Importância no mundo moderno

No mundo acelerado de 2024, o marketing digital não é apenas uma faceta do comércio ou da comunicação, é um pilar central da nossa sociedade moderna. A sua importância transcende a simples publicidade ou promoção de produtos. Molda a nossa cultura, influencia as nossas escolhas e é um motor essencial da inovação e do crescimento económico.

Primeiro, vamos considerar o impacto do marketing digital na economia. As empresas, desde startups até multinacionais, dependem do marketing digital para alcançar seus clientes. Num mundo onde a maioria dos consumidores passa grande parte do seu tempo online, estar visível na web não é um luxo, mas sim uma necessidade. O marketing digital permite que as empresas se conectem com seus públicos de forma direcionada e mensurável, muitas vezes proporcionando um retorno do investimento muito maior do que os métodos tradicionais.

Mas a importância do marketing digital vai muito além do faturamento. Desempenha um papel crucial na construção e disseminação de ideias e valores. As campanhas de sensibilização online, por exemplo, têm o poder de mobilizar milhões de pessoas em torno de causas sociais e ambientais. Redes sociais, blogs, vídeos – todas estas ferramentas permitem-nos partilhar histórias, desencadear debates, criar comunidades. O marketing digital tornou-se um vetor de mudança social.

Além disso, o marketing digital é um terreno fértil para a inovação. Avanços em inteligência artificial, análise de dados, realidade aumentada e virtual – todos encontram aplicações práticas e poderosas no marketing digital. Essas tecnologias não apenas tornam o marketing mais eficaz; estão a transformar a forma como interagimos com o mundo digital, enriquecendo a nossa experiência online de formas inimagináveis há alguns anos.

Por fim, o marketing digital é essencial para a educação e a informação. Num mundo onde a informação é abundante, o marketing digital ajuda a filtrar, organizar e apresentar esta informação de forma acessível. Seja por meio de tutoriais em vídeo, blogs educacionais ou webinars interativos, o marketing digital é uma ferramenta poderosa para compartilhar conhecimento e incentivar a aprendizagem ao longo da vida.

Resumindo, o marketing digital em 2024 é muito mais do que uma série de estratégias de negócios. É parte integrante de nossas vidas diárias, influenciando a maneira como pensamos, interagimos e evoluímos como sociedade. Compreender a sua importância é compreender um aspecto crucial dos nossos tempos.

CAPÍTULO 1: OS FUNDAMENTOS DO MARKETING DIGITAL

"A melhor maneira de prever o futuro é criá-lo."
Peter Drucker

1.1 SEO: Otimização de Mecanismos de Busca

1.1.1 Noções básicas de SEO

A otimização de mecanismos de pesquisa, ou SEO, é uma arte sutil, uma ciência em constante evolução. No centro desta disciplina está um objetivo simples, mas poderoso: melhorar a visibilidade e a relevância de um site nos resultados de pesquisa. Mas como exatamente chegaremos lá em 2024? Vamos começar com o básico.

SEO é baseado em três pilares fundamentais: técnica, conteúdo e autoridade. A parte técnica diz respeito à otimização da estrutura do site. Isso inclui velocidade de carregamento da página, compatibilidade com dispositivos móveis e arquitetura clara do site. Um site bem estruturado é como uma biblioteca bem organizada, onde todos os livros são fáceis de encontrar.

A seguir, o conteúdo. Não se trata apenas de quantidade, mas de qualidade e relevância. Os motores de busca, com os seus algoritmos sofisticados, procuram compreender o conteúdo de um site como um ser humano o faria. Eles analisam as palavras, o contexto, o frescor do conteúdo. Um bom conteúdo não apenas responde às perguntas dos usuários, mas também proporciona uma experiência enriquecedora.

Finalmente, autoridade. Isso geralmente se resume a links de outros sites. Pense nesses links como recomendações. Quanto mais um site é recomendado por fontes confiáveis, mais ele é considerado uma autoridade em sua área. No entanto, em 2024, a qualidade do link terá precedência sobre a quantidade. Um link de um site confiável vale muito mais do que centenas de links de baixa qualidade.

Mas o SEO não para por aí. É uma disciplina em constante evolução, moldada por mudanças no comportamento dos usuários e atualizações nos algoritmos dos mecanismos de pesquisa. Hoje, coisas como experiência do usuário (UX), intenção de pesquisa e até inteligência artificial desempenham um papel crucial no SEO de um site. Ao compreender esses princípios básicos, você deu o primeiro passo para dominar o SEO. É uma jornada fascinante, onde cada pequena melhoria pode levar a resultados significativos. Nas seções a seguir, exploraremos cada um desses pilares detalhadamente, fornecendo a você o conhecimento e as ferramentas necessárias para se destacar no mundo dinâmico do SEO.

1.1.2 SEO técnico e on-page

O SEO técnico e na página são os alicerces sobre os quais assenta toda a construção de referências naturais. Em 2024, esses aspectos do SEO aumentaram em complexidade, mas compreendê-los continua sendo essencial para quem deseja navegar com sucesso no mundo do marketing digital.

O SEO técnico concentra-se na otimização da estrutura do site. Tudo começa com a velocidade de carregamento da página. Num mundo onde cada segundo conta, um site rápido é aquele que retém os seus visitantes. Os motores de busca favorecem sites que carregam rapidamente, proporcionando uma melhor experiência ao usuário. Isso envolve otimizar imagens, usar cache e, às vezes, reduzir o código JavaScript.

Depois, há a compatibilidade com dispositivos móveis. Com a prevalência dos smartphones, um site que não está otimizado para dispositivos móveis é um site que está perdendo uma parcela significativa de seu público. O design responsivo não é uma opção, é uma necessidade. Os mecanismos de pesquisa, especialmente o Google, favorecem sites compatíveis com dispositivos móveis em suas classificações.

A arquitetura do site também desempenha um papel crucial. Uma estrutura clara e lógica não só ajuda os usuários a navegar no site, mas também permite que os mecanismos de busca entendam e indexem melhor o conteúdo. Isso inclui o uso de tags HTML apropriadas, a criação de um mapa do site XML e o estabelecimento de uma estrutura de URL consistente.

Agora vamos passar para o SEO na página. Aqui, o foco está na otimização do conteúdo de cada página. Começa com tags de título e meta descrições. Estes elementos, embora muitas vezes esquecidos, são essenciais. Eles atuam como uma vitrine para cada página, dando aos usuários e aos mecanismos de pesquisa uma rápida visão geral do conteúdo da página.

O conteúdo em si deve ser de alta qualidade, relevante e agregar valor aos leitores. Em 2024, os motores de busca tornaram-se incrivelmente bons na avaliação da qualidade do conteúdo. Eles procuram informações originais e bem escritas que respondam diretamente às intenções de pesquisa dos usuários. O uso de palavras-chave ainda é importante, mas deve ser natural e contextual.

Finalmente, a otimização de imagens é outro aspecto crucial do SEO na página. As imagens devem ser de alta qualidade, mas também otimizadas para a web. Isso significa tamanhos de arquivo reduzidos sem sacrificar a clareza e o uso de tags alt para descrever o conteúdo da imagem, o que é essencial para SEO e acessibilidade.

Ao dominar o SEO técnico e na página, você estabelece as bases sólidas necessárias para um site de sucesso. É um investimento que compensa, não só em termos de classificação nos motores de busca, mas também em proporcionar uma excelente experiência ao utilizador.

1.1.3 SEO off-page e backlinks

SEO off-page e backlinks são os pilares externos do SEO, desempenhando um papel crucial na forma como um site é percebido e avaliado pelos motores de busca. Em 2024, estes aspectos do SEO evoluíram, mas a sua importância fundamental permanece inalterada. Representam a reputação e credibilidade de um site no vasto universo da Internet.

O SEO fora da página concentra-se principalmente em backlinks, que são links de entrada de outros domínios para o seu site. Esses links são como votos de confiança aos olhos dos motores de busca.

Quanto mais links de qualidade um site recebe de sites confiáveis, mais ele é considerado uma fonte confiável e confiável. No entanto, a chave está na qualidade e não na quantidade. Um único link de um site de alta autoridade pode ser muito mais valioso do que dezenas de links de sites de qualidade inferior.

Em 2024, a forma como esses backlinks são obtidos também evoluiu. Práticas artificiais ou manipulativas de link building não são apenas ineficazes, mas também podem prejudicar a reputação de um site. Estratégias eficazes de SEO fora da página geralmente envolvem a criação de conteúdo de qualidade que atrai backlinks naturalmente, a participação em comunidades online e a colaboração com outros sites e influenciadores em seu nicho.

Outro aspecto importante do SEO off-page é a presença nas redes sociais. Embora os links dessas plataformas normalmente não sejam considerados backlinks no sentido tradicional, eles desempenham um papel significativo na construção do reconhecimento e da autoridade da marca. Uma presença ativa e envolvente nas redes sociais pode não apenas atrair tráfego para o seu site, mas também encorajar compartilhamentos e menções, que são sinais positivos para os mecanismos de pesquisa.

Além disso, as menções à marca, mesmo sem link, tornaram-se um fator importante no SEO off-page. Os motores de busca, graças a algoritmos sofisticados, são capazes de reconhecer e avaliar essas menções. Contribuem para a autoridade geral de um site, mesmo que não sejam acompanhados de um hiperlink.

Finalmente, é essencial monitorar e gerenciar a reputação online. Avaliações e comentários em sites, fóruns e plataformas de avaliações de terceiros podem influenciar a percepção de sua marca e, por extensão, seu desempenho de SEO. O gerenciamento proativo da reputação online, incluindo responder a avaliações e participar de discussões relevantes, é uma parte fundamental do SEO fora da página.

Em resumo, SEO off-page e backlinks em 2024 não se trata apenas de acumular links, mas de construir uma presença online sólida e respeitada. Isto envolve uma estratégia holística que abrange a criação de conteúdo de qualidade, o envolvimento nas redes sociais, a gestão da reputação online e a construção de relacionamentos autênticos em todo o ecossistema digital.

1.1.4 SEO local e móvel

No vasto mundo do SEO, dois aspectos se destacam particularmente em 2024: SEO local e SEO móvel. Estas duas facetas da referenciação natural respondem a necessidades específicas e refletem as tendências atuais de consumo e utilização da Internet.

O SEO local tornou-se essencial para empresas

e marcas que operam localmente ou possuem pontos de venda físicos. É a arte de otimizar sua presença online para atrair clientes de sua região ou cidade. Em um mundo onde as pesquisas "perto de mim" ou "perto de mim" são comuns, uma boa classificação nos resultados de pesquisa local é crucial. Isso envolve otimizar sua ficha do Google Meu Negócio, coletar avaliações locais e usar palavras-chave baseadas em localização em seu conteúdo. Um bom SEO local ajuda sua empresa a se destacar na comunidade local, atrair mais clientes para sua loja ou gerar ligações.

Por outro lado, o SEO móvel leva em consideração a experiência do usuário em dispositivos móveis. Com o aumento constante do uso de smartphones para acessar a Internet, os mecanismos de busca, especialmente o Google, começaram a favorecer sites otimizados para dispositivos móveis. Isso significa que seu site não deve apenas ser responsivo, adaptando-se a diferentes tamanhos de tela, mas também fornecer uma experiência de usuário tranquila e rápida no celular. A otimização móvel inclui coisas como tempos de carregamento rápidos, botões e links facilmente clicáveis e um design que facilita a navegação em uma tela pequena. Em 2024, um site que não esteja otimizado para mobile corre o risco de perder uma parte significativa do seu tráfego e visibilidade.

O SEO local e móvel estão intimamente relacionados porque muitas pesquisas locais são realizadas em dispositivos móveis. Os usuários buscam informações em qualquer lugar, muitas vezes com a intenção de tomar medidas imediatas, seja para encontrar um restaurante, loja ou serviço. Assim, uma estratégia de SEO eficaz em 2024 deve integrar estes dois aspectos para atender às necessidades dos usuários locais e móveis.

Em resumo, o SEO local e móvel são componentes essenciais de uma estratégia geral de SEO em 2024. Eles abordam comportamentos de pesquisa específicos e são cruciais para empresas que buscam atrair uma base de clientes locais e fornecer uma experiência de usuário ideal em dispositivos móveis. Ao integrá-los à sua estratégia de SEO, você garante que não perderá oportunidades valiosas em um mundo cada vez mais móvel e localizado.

1.2 Publicidade on-line

1.2.1. Visão geral das plataformas de publicidade

No dinâmico campo da publicidade online em 2024, o panorama das plataformas publicitárias é tão diversificado quanto inovador. Essas plataformas oferecem uma ampla gama de opções para direcionar, engajar e converter públicos variados, cada uma com suas especificidades e benefícios.

Gigantes tradicionais como Google e Facebook

continuam a dominar o mercado, oferecendo capacidades sofisticadas de segmentação com base em dados demográficos, interesses e comportamentos de compra. O Google, com sua Rede de Pesquisa e Plataforma de Display, permite que os anunciantes se posicionem precisamente onde os usuários procuram ativamente informações. Já o Facebook se destaca na criação de campanhas altamente personalizadas graças ao profundo conhecimento das preferências e hábitos de seus usuários.

Ao mesmo tempo, plataformas como Instagram, Snapchat e TikTok atraem um público mais jovem e engajado. Estas redes sociais, focadas em recursos visuais e vídeos, oferecem oportunidades únicas para campanhas criativas e envolventes. O TikTok, em particular, revolucionou a publicidade online com os seus formatos curtos e cativantes, tornando-se um playground privilegiado para marcas dirigidas a um público jovem e moderno.

O LinkedIn continua a ser a plataforma preferida para marketing B2B, fornecendo acesso direto aos principais profissionais e tomadores de decisão em vários setores. Sua capacidade de segmentação com base em critérios profissionais específicos, como setor, tamanho da empresa ou posição, o torna uma ferramenta inestimável para campanhas B2B.

Além disso, o surgimento da publicidade programática transformou a forma como o espaço publicitário é comprado e vendido.

Graças à automação e à inteligência artificial, os anunciantes podem agora comprar espaço publicitário em tempo real, visando públicos específicos através de uma infinidade de websites e aplicações, maximizando a eficácia e o ROI das suas campanhas.

Por último, é importante notar a ascensão de plataformas de streaming como Spotify e Netflix, que abriram novos caminhos para a publicidade em áudio e vídeo. Estas plataformas oferecem experiências publicitárias únicas, muitas vezes perfeitamente integradas no conteúdo, o que pode aumentar o envolvimento e a receptividade do público.

No geral, o cenário das plataformas de publicidade em 2024 é um ecossistema rico e diversificado, proporcionando aos anunciantes uma infinidade de opções para alcançar os seus públicos-alvo. A chave do sucesso reside na compreensão dos pontos fortes de cada plataforma e na integração destas ferramentas numa estratégia de publicidade coesa e bem direcionada.

1.2.2. Publicidade em mecanismos de pesquisa

A publicidade em motores de busca, um elemento central do marketing digital em 2024, continua a desempenhar um papel crucial na estratégia de qualquer empresa que pretenda aumentar a sua visibilidade online. Esta forma de publicidade, muitas vezes dominada pelo Google Ads, tornou-se mais sofisticada e integrada, refletindo os avanços tecnológicos e as mudanças no comportamento dos utilizadores.

No cerne da publicidade em mecanismos de busca está o conceito de "pagamento por clique" (PPC), em que os anunciantes pagam por cada clique em seus anúncios. Este modelo é extremamente eficaz porque permite atingir usuários que procuram ativamente produtos ou serviços específicos. Em 2024, as capacidades de segmentação tornaram-se mais precisas, permitindo aos anunciantes atingir públicos-alvo com base em critérios como localização, interesses, hábitos de pesquisa e até comportamentos de compra.

O Google Ads, a plataforma mais popular para publicidade em mecanismos de pesquisa, oferece uma variedade de formatos de anúncios, incluindo anúncios de texto tradicionais, anúncios gráficos e anúncios em vídeo. Esses anúncios aparecem não apenas nos resultados de pesquisa do Google, mas também em outros sites parceiros da Rede de Display do Google. Esta diversidade de formatos permite aos anunciantes escolher a melhor forma de comunicar a sua mensagem e envolver o seu público-alvo.

A otimização de campanhas publicitárias em mecanismos de pesquisa tornou-se mais complexa e mais baseada em dados. Os anunciantes usam ferramentas avançadas de análise e rastreamento para medir o desempenho de suas campanhas, ajustar seus lances em tempo real e otimizar suas palavras-chave e mensagens publicitárias. A inteligência artificial desempenha um papel crescente nesta otimização, ajudando a prever o comportamento dos usuários e a automatizar os ajustes de campanha para maximizar o ROI.

Além disso, a publicidade em mecanismos de pesquisa em 2024 não se trata mais apenas de vendas diretas. Também é usado para desenvolver o conhecimento da marca, educar os consumidores e até mesmo influenciar as decisões de compra no início da jornada do cliente. Os anunciantes muitas vezes combinam publicidade em mecanismos de pesquisa com outras formas de marketing digital, como SEO e marketing de conteúdo, para criar uma estratégia de marketing on-line abrangente e coesa.

Concluindo, a publicidade em mecanismos de busca em 2024 é uma ferramenta poderosa e indispensável para empresas de todos os tamanhos. Oferece visibilidade imediata, segmentação precisa e altas oportunidades de conversão, ao mesmo tempo que se integra perfeitamente a uma estratégia de marketing digital mais ampla. Para empresas que buscam se destacar em um mercado lotado, dominar a publicidade em mecanismos de pesquisa não é apenas benéfico, mas essencial.

1.2.3. Publicidade em mídias sociais

A publicidade nas redes sociais, em 2024, tornou-se um elemento essencial de qualquer estratégia de marketing digital. Com as plataformas sociais em constante evolução e aumentando a sua influência, as marcas têm à sua disposição uma ferramenta poderosa para alcançar e envolver o seu público-alvo de forma direta e pessoal.

Cada rede social oferece suas particularidades e vantagens em termos de publicidade. O Facebook, por exemplo, continua a ser uma plataforma de eleição para atingir um público grande e diversificado, graças às suas opções de segmentação detalhadas que incluem critérios demográficos, comportamentais e até psicográficos. O Instagram, com ênfase em recursos visuais, é ideal para marcas que buscam criar campanhas publicitárias esteticamente atraentes e envolventes que sejam particularmente eficazes para atingir públicos mais jovens.

O TikTok, que se tornou um gigante da mídia social, oferece uma plataforma única para campanhas criativas e virais, especialmente entre a Geração Z. Sua natureza dinâmica e orientada para conteúdo de vídeo curto o torna um terreno fértil para campanhas publicitárias inovadoras e cativantes. Enquanto isso, o LinkedIn continua a dominar a indústria de publicidade B2B, fornecendo acesso direto a profissionais e tomadores de decisão em vários setores.

Um dos aspectos mais atraentes da publicidade

nas redes sociais é a sua capacidade de interagir diretamente com os consumidores. As marcas podem não apenas transmitir as suas mensagens, mas também interagir com o seu público, receber feedback em tempo real e construir uma comunidade em torno dos seus produtos ou serviços. Esta interação bidirecional cria um vínculo mais forte entre as marcas e seus clientes, aumentando a lealdade e a confiança.

Além disso, a publicidade nas redes sociais permite medições e análises detalhadas do desempenho da campanha. Os anunciantes podem acompanhar uma variedade de métricas, como impressões, cliques, taxas de engajamento e conversões, permitindo-lhes ajustar suas estratégias em tempo real para otimizar os resultados. As plataformas também oferecem ferramentas avançadas para testar diferentes formatos de anúncios e mensagens para determinar o que repercute melhor em seu público.

Em 2024, a tendência também é de integração da publicidade nas redes sociais com outros canais de marketing digital. As marcas costumam combinar campanhas de mídia social com SEO, marketing por e-mail e outras formas de publicidade online para criar uma experiência omnicanal coesa para os consumidores.

Em resumo, a publicidade nas redes sociais em 2024 é uma ferramenta dinâmica e versátil, essencial para marcas que procuram aumentar a sua visibilidade, envolver o seu público e gerar conversões. Com as suas capacidades de segmentação precisas, diversas opções de formato e potencial de interação direta com os consumidores, representa um componente chave de qualquer estratégia de marketing digital bem-sucedida.

1.2.4. Tendências e inovações

Em 2024, o campo da publicidade online é marcado por tendências e inovações que redefinem a forma como as marcas interagem com os seus públicos. Esta evolução é impulsionada pelos avanços tecnológicos, pelas mudanças no comportamento do consumidor e pela necessidade de maior personalização e eficiência nas campanhas publicitárias.

Uma das tendências mais significativas é o aumento do uso de inteligência artificial e aprendizado de máquina. Estas tecnologias permitem uma maior personalização das campanhas publicitárias, analisando grandes quantidades de dados para compreender as preferências e comportamentos dos consumidores. Isso permite que os anunciantes criem mensagens publicitárias que repercutam em cada segmento de seu público, aumentando a eficácia da campanha e melhorando a experiência do usuário.

A realidade aumentada (AR) e a realidade virtual (VR) também estão transformando a publicidade online. Estas tecnologias oferecem experiências imersivas e interativas, permitindo que as marcas se destaquem e criem uma forte ligação emocional com os consumidores. Por exemplo, uma marca de moda pode usar AR para permitir que os clientes experimentem roupas virtualmente, enquanto uma empresa de turismo pode usar VR para oferecer passeios virtuais por destinos distantes.

O marketing conversacional, graças aos chatbots e assistentes virtuais, também está ganhando popularidade. Essas ferramentas permitem a interação em tempo real com os consumidores, proporcionando atendimento personalizado e melhorando o engajamento. Os chatbots podem responder perguntas, recomendar produtos e até processar transações, criando uma experiência de compra interativa e contínua.

Além disso, a ascensão da publicidade programática continua a transformar o cenário publicitário. Essa abordagem usa algoritmos para comprar espaço publicitário automaticamente, visando públicos específicos no momento ideal. Isso permite maior eficiência e melhor retorno do investimento, pois os anúncios têm maior probabilidade de atingir pessoas interessadas no produto ou serviço oferecido.

Finalmente, a ética e a transparência estão a tornar-se elementos-chave na publicidade online. Com a crescente consciência das questões de privacidade e da utilização de dados pessoais, as marcas estão a esforçar-se para serem mais transparentes nas suas práticas publicitárias. Isto inclui cumprir os regulamentos de proteção de dados, como o GDPR, e comunicar claramente sobre o uso dos dados do consumidor.

Estas tendências e inovações mostram que a publicidade online em 2024 não se trata apenas de vender produtos ou serviços, mas também de criar experiências únicas, personalizadas e éticas para os consumidores. As marcas que adotam estas novas tecnologias e abordagens estão melhor posicionadas para se conectarem com os seus públicos de uma forma significativa e duradoura.

1.3 Redes Sociais

1.3.1. Plataformas dominantes em 2024

Em 2024, o cenário das redes sociais é dominado por múltiplas plataformas, cada uma das quais evoluiu para atender às novas necessidades dos utilizadores e anunciantes. Essas plataformas se destacam por seus recursos exclusivos, públicos-alvo e capacidade de envolver os usuários de maneiras inovadoras e significativas.

O Facebook continua a reinar como um gigante da mídia social, com uma base de usuários enorme e diversificada. Sua força está na capacidade de conectar pessoas de todas as idades e origens, proporcionando às marcas um alcance amplo e variado. O Facebook também integrou recursos avançados de realidade aumentada e comércio eletrônico, tornando a plataforma mais imersiva e interativa para os usuários e mais atraente para os anunciantes.

O Instagram, com foco em conteúdo visual, continua sendo uma plataforma preferida para marcas com foco estético, como moda, beleza e estilo de vida. Em 2024, o Instagram reforçou sua interface com recursos de realidade aumentada e opções de compras integradas, permitindo aos usuários interagir com as marcas de forma mais dinâmica e direta.

O TikTok, que teve uma ascensão meteórica nos últimos anos, continua cativando um público jovem e engajado. Sua fórmula de conteúdo curto, criativo e muitas vezes viral oferece um terreno fértil para campanhas publicitárias inovadoras e interativas. O TikTok se tornou um item obrigatório para marcas que buscam alcançar a Geração Z e explorar as tendências culturais atuais.

O LinkedIn continua sendo a plataforma dominante para networking profissional e marketing B2B. Em 2024, o LinkedIn expandiu as suas capacidades de segmentação e conteúdo, permitindo que as empresas se conectassem com profissionais e tomadores de decisão de forma mais precisa e eficaz. A plataforma é particularmente valorizada para desenvolver relacionamentos profissionais e criar conteúdo de liderança inovadora.

Finalmente, novas plataformas emergentes, que

atendem nichos específicos ou introduzem novas formas de conexão online, estão começando a ganhar força. Essas plataformas oferecem oportunidades únicas para as marcas se conectarem com públicos específicos e explorarem novas formas de conteúdo e engajamento.

Em resumo, as plataformas dominantes em 2024 oferecem uma diversidade de canais e abordagens para marketing nas redes sociais. Cada plataforma possui características únicas que podem ser aproveitadas pelas marcas para atingir seus objetivos de marketing, seja para aumentar o reconhecimento da marca, interagir com públicos específicos ou gerar vendas diretas. A chave do sucesso está em compreender os pontos fortes de cada plataforma e adaptar estratégias para maximizar o impacto junto ao público-alvo.

1.3.2. Estratégias de conteúdo e engajamento

Em 2024, o conteúdo das redes sociais e as estratégias de envolvimento tornaram-se mais refinados e centrados no utilizador, refletindo as expectativas e comportamentos em constante mudança do público online. As marcas que têm sucesso neste espaço são aquelas que entendem a importância de criar conteúdos significativos e envolventes, adaptados às especificidades de cada plataforma e do seu público-alvo.

Uma estratégia de conteúdo eficaz começa com

uma compreensão profunda do público. As marcas precisam saber quem são seus seguidores, o que lhes interessa e como interagem com o conteúdo em diferentes plataformas. Esse entendimento permite que você crie conteúdo que ressoe com o público, sejam postagens informativas, de entretenimento ou inspiradoras. Em 2024, é comum o uso de análise de dados e inteligência artificial para entender as preferências e comportamentos dos usuários, possibilitando maior personalização e relevância do conteúdo.

Contar histórias é outro elemento-chave das estratégias de conteúdo. Histórias convincentes e bem contadas podem criar uma forte conexão emocional com o público, aumentando o envolvimento e a fidelidade à marca. As marcas usam histórias para compartilhar seus valores, missão e sucessos, transformando seu conteúdo em experiências imersivas e memoráveis para os usuários.

O envolvimento é tão crucial quanto o próprio conteúdo. As marcas devem ser ativas e receptivas nas redes sociais, respondendo aos comentários, participando de conversas e incentivando os usuários a interagir com o seu conteúdo. Concursos, pesquisas e perguntas abertas são formas eficazes de incentivar a interação e criar uma comunidade em torno da marca.

O vídeo continua a ser um formato de conteúdo dominante em 2024, com preferência por vídeos curtos, envolventes e de fácil consumo. Plataformas como TikTok e Instagram Reels oferecem oportunidades ideais para vídeos criativos que podem se tornar virais. As marcas também estão aproveitando o vídeo ao vivo para eventos, lançamentos de produtos ou sessões de perguntas e respostas, proporcionando uma experiência mais autêntica e pessoal.

Por fim, adaptar os conteúdos às especificidades de cada plataforma é fundamental. O que funciona no Instagram pode não funcionar no LinkedIn ou no TikTok. As marcas devem, portanto, adaptar a sua mensagem, tom e formato dependendo da plataforma e do seu público. Por exemplo, o conteúdo mais formal e focado na liderança inovadora pode ser apropriado para o LinkedIn, enquanto o conteúdo mais visual e divertido será mais adequado para o Instagram ou TikTok.

Em resumo, as estratégias de conteúdo e engajamento em 2024 exigem uma abordagem holística que combine compreensão do público, narrativa, interação ativa, uso de formatos de conteúdo variados e adaptação a diferentes plataformas. As marcas que adotam estas estratégias estão melhor posicionadas para criar conexões significativas com o seu público, fortalecer a sua presença online e atingir os seus objetivos de marketing nas redes sociais.

1.3.3. Publicidade e monetização

Em 2024, a publicidade e a monetização nas redes

sociais atingiram novos patamares de inovação e eficácia, proporcionando às marcas e aos criadores de conteúdos oportunidades sem precedentes de geração de receitas. Esta evolução é resultado de uma melhor compreensão do comportamento dos utilizadores, da integração de tecnologias avançadas e da criação de formatos publicitários mais interativos e personalizados.

A publicidade nas redes sociais tornou-se mais sofisticada, com opções de segmentação precisas e diversos formatos de anúncio. Plataformas como Facebook, Instagram e TikTok oferecem ferramentas de segmentação com base em dados demográficos, interesses, comportamentos de compra e até mesmo interações anteriores com a marca. Essa precisão permite que os anunciantes entreguem suas mensagens aos públicos com maior probabilidade de se interessarem por seus produtos ou serviços, aumentando as taxas de conversão e o ROI.

Os formatos de publicidade também evoluíram, indo além dos anúncios tradicionais para incluir experiências imersivas como realidade aumentada, vídeos interativos e lojas de aplicativos. Por exemplo, os anúncios de realidade aumentada no Instagram permitem que os usuários experimentem produtos virtualmente, como óculos ou maquiagem, criando uma experiência de compra envolvente e divertida. Da mesma forma, os vídeos interativos no TikTok convidam os usuários a participar de desafios ou interagir com o conteúdo de forma criativa, aumentando o engajamento e a visibilidade da marca.

A monetização para criadores de conteúdo nas redes sociais também ganhou impulso. Plataformas como o YouTube e o Twitch aperfeiçoaram os seus sistemas de partilha de receitas publicitárias, dando aos criadores uma parte substancial da receita gerada pelos seus vídeos. Além disso, recursos como Super Chats no YouTube e Bits no Twitch permitem que os fãs apoiem financeiramente seus criadores favoritos diretamente durante as transmissões ao vivo.

Parcerias e colaborações de marcas são outra importante fonte de renda para os criadores. Ao trabalhar diretamente com marcas para criar conteúdo patrocinado, os influenciadores podem gerar receita e, ao mesmo tempo, fornecer aos seus seguidores conteúdo relevante e autêntico. Estas parcerias tornaram-se mais transparentes e regulamentadas, garantindo a divulgação clara das colaborações patrocinadas para manter a confiança e a autenticidade.

Por último, as plataformas de redes sociais introduziram novas funcionalidades de comércio eletrónico, permitindo que marcas e criadores vendam diretamente os seus produtos através dos seus perfis e publicações. Esses recursos de compras integrados transformam as redes sociais em canais de vendas abrangentes, proporcionando uma experiência de compra integrada e contínua aos usuários.

Concluindo, a publicidade e a monetização nas redes sociais em 2024 representam um ecossistema dinâmico e em constante evolução, oferecendo múltiplas oportunidades para marcas e criadores de conteúdo. Com estratégias publicitárias inovadoras, diversas opções de monetização e maior integração do comércio eletrônico, as mídias sociais tornaram-se plataformas poderosas para o crescimento dos negócios e a geração de receitas.

1.3.4. Análise e medição de desempenho

A análise e medição do desempenho nas redes sociais em 2024 tornaram-se componentes essenciais de qualquer estratégia de marketing digital. Com as plataformas e os comportamentos dos utilizadores em constante evolução, compreender o impacto e a eficácia das ações tomadas nestes canais é crucial para marcas e empresas. Esse entendimento aprofundado permite que estratégias sejam ajustadas em tempo real, que recursos sejam otimizados e que metas sejam alcançadas com mais eficiência.

As plataformas de mídia social oferecem uma ampla gama de ferramentas analíticas integradas que permitem às marcas rastrear uma variedade de métricas importantes. Essas métricas incluem, mas não estão limitadas a, número de curtidas, compartilhamentos, comentários, alcance da postagem, taxa de engajamento e número de cliques em links. Esses dados fornecem informações valiosas sobre como o conteúdo é recebido pelo público, que tipo de conteúdo tem melhor desempenho e quando é o melhor momento para postar.

Em 2024, a análise das redes sociais tornou-se mais rica com a integração da inteligência artificial e da aprendizagem automática. Essas tecnologias permitem análises mais profundas de tendências, sentimentos dos usuários e comportamentos de interação. Por exemplo, a análise de sentimento pode revelar como os usuários percebem uma marca ou produto, examinando o tom e o contexto dos comentários e menções nas redes sociais.

As marcas também usam ferramentas analíticas de terceiros para obter insights mais detalhados e combinar dados de diferentes fontes. Essas ferramentas oferecem recursos avançados, como rastreamento de conversões, análise da jornada do usuário e segmentação de público. Ao combinar dados de mídia social com outras fontes de dados, como tráfego de sites ou dados de vendas, as marcas podem obter uma visão holística da eficácia de seus esforços de marketing.

Analisar o desempenho das mídias sociais também é essencial para o ROI (retorno sobre o investimento) e para a tomada de decisões. Ao medir a eficácia das campanhas publicitárias, iniciativas de conteúdo e estratégias de envolvimento, as empresas podem determinar quais abordagens proporcionam o melhor ROI e ajustar os seus orçamentos e recursos em conformidade.

Finalmente, a análise e a medição do desempenho não são apenas exercícios pós-campanha, mas processos contínuos. As marcas devem monitorizar constantemente o seu desempenho nas redes sociais para detectar rapidamente tendências emergentes, responder às mudanças nos comportamentos dos utilizadores e ajustar as suas estratégias em tempo real para se manterem relevantes e eficazes.

Em resumo, a análise e medição do desempenho nas redes sociais em 2024 são elementos-chave para compreender o impacto das ações de marketing, otimizar estratégias e garantir o máximo retorno do investimento. Com o advento de tecnologias avançadas e a integração de diversos dados, as marcas dispõem agora de ferramentas poderosas para medir, analisar e melhorar continuamente a sua presença nas redes sociais.

CAPÍTULO 2: ESTRATÉGIAS DE CONTEÚDO

"Seu cliente mais insatisfeito é sua melhor fonte de aprendizado."
Bill Gates

2.1 Marketing de Conteúdo

2.1.1 Criação de conteúdo de qualidade

No domínio do marketing de conteúdos em 2024, a criação de conteúdos de qualidade tornou-se mais do que nunca um pilar das estratégias de comunicação das marcas. Com as expectativas dos consumidores em constante evolução e os mercados saturados, produzir conteúdos que se destaquem pela qualidade, originalidade e relevância é essencial para cativar a atenção e envolver o público.

A qualidade do conteúdo é definida por

vários critérios principais. Em primeiro lugar, autenticidade e originalidade são essenciais. Os consumidores estão constantemente em busca de conteúdo que ofereça uma nova perspectiva, seja honesto e reflita os valores da marca. Isso significa abandonar mensagens genéricas e criar conteúdo que conte uma história, compartilhe uma experiência ou ofereça uma visão única.

Em seguida, a relevância do conteúdo é crucial. Isso significa entender as necessidades, interesses e desafios do público-alvo e criar conteúdos que os atendam. Em 2024, a utilização de dados e análises para compreender as preferências do público é comum, permitindo às marcas personalizar as suas mensagens e garantir que o seu conteúdo não é apenas interessante, mas também útil para o seu público.

A qualidade do conteúdo também requer excelente execução. Isso inclui não apenas uma escrita impecável, mas também o uso de recursos visuais atraentes, vídeos envolventes e outros elementos multimídia. Com a evolução das tecnologias e plataformas, as marcas têm à sua disposição uma infinidade de formatos para apresentar os seus conteúdos de forma criativa e cativante.

Além disso, a qualidade do conteúdo está intimamente ligada à sua capacidade de envolver e impulsionar ações. Um conteúdo de qualidade não deve apenas informar ou entreter, mas também estimular a interação dos usuários com a marca, seja por meio de comentários, compartilhamentos, cadastros ou compras. Isso requer uma compreensão clara dos objetivos da marca e integração estratégica de apelos à ação no conteúdo.

Finalmente, a qualidade do conteúdo é um processo contínuo e em evolução. As marcas devem estar dispostas a adaptar, experimentar e inovar com conteúdo para permanecerem relevantes num cenário mediático em constante mudança. Isso envolve ficar atento às tendências, coletar feedback do público e ajustar as estratégias de conteúdo de acordo.

Em resumo, criar conteúdo de qualidade em 2024 é uma mistura complexa de autenticidade, relevância, excelência na execução, engajamento e adaptabilidade. As marcas que conseguem isso são aquelas que compreendem e respeitam o seu público, ao mesmo tempo que são criativas e inovadoras na forma como comunicam as suas mensagens.

2.1.2 Estratégias de distribuição

Em 2024, as estratégias de distribuição de conteúdo tornaram-se um aspecto crucial do marketing de conteúdo, exigindo planejamento cuidadoso e execução estratégica. Com a abundância de conteúdos disponíveis online, já não basta criar conteúdos de qualidade; é também essencial garantir que atinge eficazmente o público-alvo. A distribuição de conteúdo envolve uma compreensão profunda dos diferentes canais disponíveis e como eles podem ser usados para maximizar o alcance e o impacto do conteúdo.

Uma das chaves para uma estratégia de distribuição bem-sucedida é a diversificação de canais. Isso inclui não apenas redes sociais tradicionais como Facebook, Instagram e Twitter, mas também plataformas emergentes, blogs, boletins informativos por e-mail e até podcasts. Cada canal tem seus próprios pontos fortes e atrai diferentes segmentos de público. Por exemplo, as redes sociais são ótimas para atingir um público amplo e incentivar o envolvimento, enquanto os boletins informativos por e-mail são ótimos para fornecer conteúdo mais aprofundado a um público já interessado.

A personalização da distribuição também é essencial. Isso significa adaptar o conteúdo e seu formato dependendo do canal de distribuição. Por exemplo, um conteúdo longo e detalhado pode ser mais adequado para um blog ou boletim informativo, enquanto uma versão condensada e visualmente atraente pode ser mais eficaz nas redes sociais. Essa abordagem garante que o conteúdo não seja apenas visto, mas também envolvente para o público em cada plataforma.

Outra estratégia importante é o uso de ferramentas de automação e análise de marketing para otimizar a distribuição. Essas ferramentas permitem agendar a publicação de conteúdo, atingir públicos específicos e monitorar o desempenho em tempo real. A análise dos dados de desempenho ajuda a entender que tipo de conteúdo tem melhor desempenho em qual canal, quando postar para maximizar a visibilidade e como ajustar as estratégias de distribuição para melhorar o envolvimento e o alcance.

A parceria com influenciadores e outras marcas também pode ser uma forma eficaz de distribuir conteúdo. Essas parcerias ajudam a alcançar novos públicos e agregar credibilidade ao conteúdo. Ao colaborar com influenciadores ou marcas que compartilham valores semelhantes, as empresas podem expandir seu alcance de forma orgânica e autêntica.

Por fim, é fundamental não descurar a importância do SEO na distribuição de conteúdo. A otimização do conteúdo para mecanismos de pesquisa garante visibilidade de longo prazo e pode levar a um tráfego orgânico consistente. Isso envolve o uso de palavras-chave relevantes, a construção de links internos e externos e a garantia de que o conteúdo seja facilmente acessível e indexável pelos mecanismos de busca.

Em resumo, as estratégias de distribuição de conteúdo em 2024 exigem uma abordagem multicanal, personalizada e baseada em dados. Ao compreender os pontos fortes de cada canal, adaptar o conteúdo para atender às necessidades específicas do público e usar ferramentas analíticas para otimizar a distribuição, as marcas podem garantir que seu conteúdo de qualidade alcance e envolva efetivamente seu público-alvo.

2 1.3 Marketing de conteúdo e SEO

Em 2024, a inter-relação entre marketing de conteúdo e SEO é mais pronunciada e estratégica do que nunca. Esta sinergia é crucial para o sucesso online das marcas, pois combina a arte de criar conteúdos envolventes e relevantes com a ciência da otimização de motores de busca. Essa fusão não apenas ajuda a captar a atenção do público-alvo, mas também garante que o conteúdo seja facilmente descoberto e tenha uma boa classificação nos resultados de pesquisa.

O marketing de conteúdo se concentra na criação de material que agregue valor aos usuários, seja na forma de informação, entretenimento ou educação. O objetivo é criar conteúdo que ressoe com o público, estabeleça a credibilidade da marca e incentive o engajamento. Porém, por melhor que seja o conteúdo, se não for otimizado para os mecanismos de busca, pode não atingir seu público potencial. É aqui que o SEO entra em jogo.

SEO, ou otimização de mecanismos de busca, envolve o ajuste de vários elementos do conteúdo para que ele seja melhor compreendido e favorecido por mecanismos de busca como o Google. Isso inclui o uso estratégico de palavras-chave relevantes, a construção de links internos e externos, a otimização de meta tags e imagens e a garantia de que o conteúdo seja estruturado de forma que seja facilmente indexável. Quando o marketing de conteúdo e o SEO estão alinhados, o conteúdo não só atrai a atenção dos leitores, mas também fica bem posicionado nos resultados de busca, aumentando sua visibilidade e acessibilidade.

Uma estratégia eficaz combina estes dois elementos de forma harmoniosa. Por exemplo, ao criar conteúdo, é importante realizar pesquisas de palavras-chave para compreender os termos e perguntas que o público-alvo utiliza para pesquisar informações online. Essas palavras-chave podem então ser integradas naturalmente ao conteúdo, garantindo que ele não apenas atenda às necessidades do usuário, mas também seja otimizado para mecanismos de busca.

Além disso, a criação de conteúdo de qualidade que atrai backlinks naturais é outro ponto de convergência entre marketing de conteúdo e SEO. Backlinks, ou links de entrada de outros sites, são um indicador importante da qualidade e relevância de um site para os mecanismos de pesquisa. Conteúdo envolvente e informativo tem maior probabilidade de ser compartilhado e referenciado por outros sites, o que melhora o perfil de backlink de um site e, portanto, sua classificação nos resultados de pesquisa.

Por fim, é essencial rastrear e analisar o desempenho do conteúdo para entender seu desempenho tanto do ponto de vista do marketing de conteúdo quanto do SEO. Isso envolve monitorar métricas como tráfego do site, tempo na página, taxas de rejeição, bem como classificações de palavras-chave e taxas de cliques (CTR) nos resultados de pesquisa. Esses dados podem fornecer insights valiosos para refinar e melhorar estratégias futuras.

Concluindo, em 2024, o marketing de conteúdo e o SEO não são estratégias isoladas, mas componentes interdependentes de uma estratégia geral de marketing digital. A integração bem-sucedida destes dois elementos é essencial para a criação de conteúdo que não apenas envolva e informe os usuários, mas também seja visível e tenha uma classificação elevada nos resultados de pesquisa, maximizando o alcance e o impacto do conteúdo online.

2.1.4 Medindo a eficácia

Medir a eficácia do marketing de conteúdo em 2024 é um processo complexo e multidimensional, essencial para avaliar o impacto das estratégias de conteúdo e orientar futuras decisões de marketing. Com a evolução da tecnologia e do comportamento do consumidor, as marcas dispõem de uma riqueza de dados e ferramentas para analisar o desempenho do seu conteúdo. No entanto, interpretar esses dados de forma significativa é crucial para obter insights acionáveis e otimizar estratégias de conteúdo.

Um dos primeiros passos para medir a eficácia é

definir metas claras e mensuráveis. Essas metas podem variar dependendo das necessidades da marca e podem incluir aumentar o tráfego do site, melhorar o engajamento nas redes sociais, gerar leads ou aumentar as vendas. Uma vez definidos os objetivos, é importante escolher indicadores-chave de desempenho (KPIs) relevantes que irão medir o cumprimento desses objetivos. Por exemplo, se o objetivo é aumentar o engajamento, os KPIs podem incluir o número de compartilhamentos, comentários e curtidas.

A análise do tráfego da Web é um aspecto crucial para medir a eficácia. Ferramentas de análise da web, como o Google Analytics, fornecem dados detalhados sobre o número de visitantes, duração da sessão, taxas de rejeição e jornadas do usuário no site. Esses dados ajudam a entender como os usuários interagem com o conteúdo e qual conteúdo atrai e retém a atenção dos visitantes.

O envolvimento na mídia social é outro indicador importante da eficácia do conteúdo. As plataformas de mídia social oferecem suas próprias ferramentas analíticas para rastrear o envolvimento do usuário com o conteúdo, incluindo curtidas, compartilhamentos, comentários e visualizações. Essas métricas ajudam a avaliar até que ponto o conteúdo repercute no público e até que ponto ele incentiva a interação.

A geração de leads e as conversões também são medidas essenciais de eficácia, especialmente para marcas focadas em resultados de negócios. Isso envolve rastrear como o conteúdo contribui para converter visitantes em leads ou clientes. Usar formulários de captura de leads, landing pages específicas e rastrear conversões são métodos eficazes para medir esse aspecto.

Por fim, é importante realizar uma análise qualitativa de conteúdo. Isso inclui coletar feedback do usuário, analisar comentários e avaliar a percepção da marca. Esses insights qualitativos podem complementar os dados quantitativos e fornecer uma compreensão mais profunda do impacto do conteúdo.

Concluindo, medir a eficácia do marketing de conteúdo em 2024 requer uma abordagem holística que combine análises quantitativas e qualitativas. Ao definir metas claras, escolher os KPIs certos e usar uma variedade de ferramentas e métodos para analisar o desempenho, as marcas podem obter uma compreensão profunda da eficácia do seu conteúdo e otimizá-lo para atingir os seus objetivos de marketing.

2.2 Contação de histórias e marca pessoal

2.2.1 A arte de contar histórias

Em 2024, a arte de contar histórias tornou-se um elemento central da marca pessoal e do marketing de conteúdo. Storytelling, ou a arte de contar histórias, é uma técnica poderosa que permite que marcas e indivíduos se conectem emocionalmente com seus públicos, transmitam mensagens de uma forma memorável e se destaquem em um cenário saturado de mídia.

Uma narrativa eficaz depende da criação de uma narrativa que ressoe com o público. Isso envolve tecer histórias em torno de valores, experiências e emoções que sejam significativas para o público-alvo. Uma boa história deve ter um começo envolvente, um desenvolvimento envolvente e uma conclusão satisfatória. Deve ser autêntico, criativo e, acima de tudo, refletir a verdade e os valores da marca ou pessoa.

No contexto da marca pessoal, contar histórias é particularmente poderoso. Ele permite que os indivíduos compartilhem sua jornada, desafios, sucessos e lições de uma forma que inspire, eduque e se conecte profundamente com seu público. Quer seja um empresário a partilhar a história de como começou o seu negócio, um artista a discutir as suas inspirações ou um profissional a explicar a sua abordagem única à sua área, a narrativa pessoal pode transformar a forma como os outros percecionam uma pessoa e a sua marca.

As marcas também usam a narrativa para dar vida à sua missão e valores. Em vez de se concentrarem apenas nas características ou benefícios dos seus produtos ou serviços, contam histórias que ilustram o impacto que a sua marca tem na vida das pessoas. Isto pode incluir histórias de clientes satisfeitos, histórias por trás do design de um produto ou iniciativas que demonstrem o compromisso da marca com causas sociais ou ambientais.

A narrativa no marketing de conteúdo se manifesta em diversos formatos – blogs, vídeos, podcasts, redes sociais e até realidade aumentada e virtual. Cada formato oferece uma maneira única de contar histórias e atingir o público. Por exemplo, um vídeo pode capturar emoções visuais e auditivas, enquanto um blog pode oferecer uma narrativa mais detalhada e cuidadosa.

Finalmente, a arte de contar histórias em 2024 será reforçada pela utilização de dados e análises para compreender o que repercute no público. Marcas e indivíduos podem usar o feedback e as interações dos usuários para refinar suas histórias, tornando-as mais relevantes e impactantes.

Em resumo, a arte de contar histórias é uma habilidade essencial no mundo do marketing e da marca pessoal em 2024. Ela ajuda a criar conexões emocionais, fortalecer a fidelidade à marca e comunicar mensagens de uma forma poderosa e memorável. Histórias bem contadas têm o poder de cativar o público, gerar empatia e deixar uma impressão duradoura.

2.2.2 Construindo uma marca pessoal

Em 2024, construir uma marca pessoal tornou-se um processo essencial para profissionais de todos os setores. Uma marca pessoal forte ajuda você a se destacar em um mercado competitivo, estabelecer uma reputação de experiência e criar oportunidades de carreira ou de negócios. O processo de construção de uma marca pessoal vai além da simples autopromoção; trata-se de definir e comunicar uma imagem autêntica e coerente de si mesmo.

O primeiro passo na construção de uma marca pessoal é a autorreflexão. Compreender seus próprios valores, paixões, habilidades e objetivos únicos é crucial. Essa compreensão ajuda a definir o que diferencia um indivíduo, o que ele pode oferecer e que mensagem deseja transmitir. Trata-se de criar uma "história pessoal" que reflita não apenas competências profissionais, mas também traços de personalidade, experiências de vida e motivações.

Uma vez estabelecida esta base, é importante comunicar esta marca pessoal de forma consistente através de diferentes canais. Isso inclui redes sociais profissionais como LinkedIn, plataformas de conteúdo como blogs ou YouTube e interações em rede. Cada ponto de contato com o público deve reforçar a marca pessoal. Por exemplo, nas redes sociais, é essencial partilhar conteúdos que reflitam a experiência e os interesses do indivíduo, ao mesmo tempo que se envolve ativamente com a comunidade para construir relações e credibilidade.

A criação de conteúdo é uma parte

fundamental da construção de uma marca pessoal. Ao compartilhar conhecimentos, ideias e experiências por meio de artigos, vídeos, podcasts ou postagens em mídias sociais, um indivíduo pode demonstrar sua experiência e paixão. Este conteúdo deve ser de alta qualidade, relevante para o público-alvo e fiel à voz e ao estilo da pessoa.

O networking também desempenha um papel crucial na construção de uma marca pessoal. Isso envolve conectar-se com profissionais do mesmo setor, participar de eventos do setor e colaborar com outros profissionais. O networking não só permite que você se dê a conhecer, mas também aprenda com os outros, ganhe visibilidade e crie oportunidades de colaboração.

Finalmente, é importante permanecer autêntico e manter uma presença online consistente. A marca pessoal deve ser um verdadeiro reflexo do indivíduo, e não uma fachada criada para impressionar. A autenticidade atrai confiança e lealdade e ajuda a construir relacionamentos duradouros com o público.

Em resumo, construir uma marca pessoal em 2024 é um processo estratégico que envolve compreender e comunicar o seu valor único, criar e compartilhar conteúdo relevante, fazer networking ativo e manter uma autenticidade consistente. Uma marca pessoal forte pode abrir portas, estabelecer credibilidade e criar um impacto duradouro na carreira profissional de um indivíduo.

2.2.3 Exemplos de sucesso

Em 2024, há muitos exemplos do notável sucesso na construção de marcas pessoais e na narrativa eficaz. Esses exemplos servem como modelos inspiradores para quem busca estabelecer sua marca pessoal ou melhorar sua estratégia de conteúdo.

Um exemplo proeminente é um empreendedor de tecnologia que usou seu blog e canal no YouTube para compartilhar sua jornada no crescimento de sua startup. Ao documentar os altos e baixos da sua experiência empreendedora, ele não só estabeleceu a sua reputação como especialista na área tecnológica, mas também criou uma comunidade leal de seguidores e futuros empreendedores. Os seus vídeos, que combinam conselhos práticos, lições aprendidas e conhecimentos pessoais, atraíram um vasto público, gerando oportunidades de mentoria, parcerias e até ofertas de financiamento para os seus projetos.

Outro exemplo é uma nutricionista que usou o Instagram e um blog para compartilhar dicas nutricionais, receitas saudáveis e informações sobre bem-estar. Ao adotar uma abordagem autêntica e partilhar as suas próprias experiências com desafios de saúde, ela conseguiu estabelecer uma ligação profunda com o seu público. Sua capacidade de apresentar informações complexas

de forma acessível e envolvente lhe rendeu uma grande base de fãs, bem como colaborações com marcas de saúde e bem-estar.

No campo da arte, um fotógrafo tem utilizado de forma brilhante as redes sociais para expor seu trabalho. Ao compartilhar a história por trás de cada foto, suas técnicas e inspirações, ele não apenas mostrou seu talento artístico, mas também criou uma narrativa cativante que atraiu a atenção de galerias de arte e colecionadores. Seu uso habilidoso da narrativa visual transformou seu portfólio em uma experiência imersiva, aumentando sua visibilidade e reconhecimento no mundo da arte.

Um coach de desenvolvimento pessoal também demonstrou o poderoso impacto da narrativa na construção de sua marca. Ao partilhar as suas experiências pessoais de superação de obstáculos e oferecer conselhos práticos através de podcasts e seminários online, ele estabeleceu uma marca forte baseada na inspiração e na capacitação. Sua abordagem pessoal e sincera ajudou muitas pessoas a atingirem seus objetivos pessoais e profissionais, consolidando ainda mais sua reputação como um coach influente.

Esses exemplos mostram que o sucesso na construção de uma marca pessoal e na narrativa depende não apenas da experiência em uma área específica, mas também da capacidade de se comunicar de forma autêntica, criar conexões emocionais e oferecer insights de valor ao público.

Seja através de redes sociais, blogs, vídeos ou podcasts, uma narrativa eficaz e uma marca pessoal bem definida podem abrir portas para novas oportunidades e estabelecer uma presença duradoura e influente em qualquer área.

2.2.4 Ferramentas e técnicas

Em 2024, uma infinidade de ferramentas e técnicas estão disponíveis para ajudar a construir e fortalecer uma marca pessoal e dominar a arte de contar histórias. Estes recursos são essenciais para navegar no complexo cenário digital e garantir que os esforços de branding e comunicação sejam eficazes e impactantes.

As plataformas de mídia social continuam sendo ferramentas essenciais para a marca pessoal e a narrativa de histórias. Cada plataforma, seja LinkedIn, Instagram, Twitter ou TikTok, oferece recursos exclusivos que podem ser aproveitados para atingir objetivos específicos. O LinkedIn, por exemplo, é ótimo para networking profissional e compartilhamento de conteúdo relacionado ao setor, enquanto o Instagram e o TikTok são ótimos para contar histórias visuais e criativas. Usar essas plataformas estrategicamente envolve compreender seus algoritmos, aproveitar suas ferramentas analíticas para medir o engajamento e criar conteúdo personalizado para cada público específico.

Ferramentas de criação de conteúdo como Canva,

Adobe Creative Suite e softwares de edição de vídeo como Final Cut Pro ou Adobe Premiere Pro são essenciais para produzir imagens e vídeos de alta qualidade. Essas ferramentas permitem criar designs atraentes, infográficos e vídeos cativantes que podem melhorar o impacto visual da narrativa e tornar o conteúdo mais envolvente.

Plataformas de blog como WordPress e Medium oferecem um espaço para compartilhar histórias mais aprofundadas e artigos de destaque. São particularmente úteis para estabelecer conhecimentos especializados numa área específica e para fornecer informações aprofundadas que não podem ser totalmente exploradas dentro dos limites das redes sociais.

Para networking e construção de relacionamento, ferramentas como LinkedIn Sales Navigator e plataformas de gerenciamento de relacionamento com o cliente (CRM) são valiosas. Eles permitem rastrear e analisar interações com contatos, identificar novas oportunidades de networking e manter relacionamentos profissionais.

Além disso, ferramentas de análise e rastreamento, como Google Analytics, Hootsuite ou Buffer, são cruciais para medir a eficácia do conteúdo e da marca pessoal. Essas ferramentas fornecem insights sobre o tráfego da web, o envolvimento nas mídias sociais e o desempenho do conteúdo, permitindo que as estratégias sejam ajustadas para maximizar o impacto.

Podcasts e webinars também são técnicas eficazes

para contar histórias e criar marcas pessoais. Eles fornecem uma maneira de compartilhar conhecimentos, ideias e histórias de maneira pessoal e envolvente. Os podcasts, em particular, cresceram em popularidade como forma de construir um público fiel e estabelecer presença em um campo específico.

Concluindo, em 2024, um leque diversificado de ferramentas e técnicas estão à disposição dos profissionais para construir e fortalecer sua marca pessoal e storytelling. O uso eficaz desses recursos requer uma compreensão clara dos objetivos da marca, conhecimento de diferentes plataformas e tecnologias e capacidade de criar conteúdo que repercuta no público-alvo. Com as ferramentas e técnicas certas, é possível criar uma marca pessoal forte e uma narrativa convincente que pode abrir portas para novas oportunidades e estabelecer uma presença influente em qualquer área.

2.3 Marketing de Vídeo

2.3.1. Importância do marketing de vídeo

Em 2024, o vídeo marketing afirmou-se como um elemento crucial de qualquer estratégia de marketing digital, desempenhando um papel central na forma como as marcas comunicam com os seus públicos. A importância do marketing de vídeo decorre da sua capacidade de cativar a atenção, transmitir mensagens complexas de forma concisa e envolvente e gerar um envolvimento emocional profundo.

Uma das principais razões para a crescente importância do marketing de vídeo é a sua capacidade de chamar a atenção em um ambiente digital lotado. Com a abundância de conteúdos disponíveis online, os vídeos destacam-se pelo seu dinamismo e capacidade de contar histórias de forma visual e auditiva. Eles oferecem uma experiência mais envolvente do que os formatos de conteúdo tradicionais, como texto ou imagem, o que os torna particularmente eficazes na captura e manutenção do interesse do espectador.

Além disso, os vídeos são uma forma extremamente versátil de comunicar informações. Eles podem ser usados para diversos fins, desde a promoção de produtos ou serviços até a educação do consumidor, construção de marca e envolvimento da comunidade. Os vídeos ajudam a apresentar conceitos complexos de forma simples e compreensível, tornando-os ideais para explicar produtos técnicos, demonstrar procedimentos ou contar a história de uma marca.

O impacto emocional dos vídeos também é um fator chave para sua eficácia. Os vídeos podem usar elementos como música, diálogo, expressões faciais e linguagem corporal para criar uma conexão emocional com o espectador. Esta capacidade de evocar emoções fortalece o impacto da mensagem e pode levar a uma maior fidelidade à marca e a um maior envolvimento.

Além disso, o marketing de vídeo se beneficia da facilidade de compartilhamento nas redes sociais e outras plataformas online. Os vídeos têm muitas vezes mais probabilidade de serem partilhados do que outros tipos de conteúdo, aumentando o seu alcance e potencial viral. Esse recurso os torna particularmente valiosos para campanhas que visam aumentar o reconhecimento da marca ou atingir um grande público.

Finalmente, a evolução das tecnologias tornou a produção de vídeo mais acessível e econômica. Com o advento de smartphones de alta qualidade, software de edição de vídeo e plataformas de transmissão ao vivo, ficou mais fácil para marcas de todos os tamanhos criar e distribuir conteúdo de vídeo. Esta acessibilidade abriu as portas para o aumento da criatividade e inovação na área do marketing de vídeo.

Em resumo, a importância do vídeo marketing em 2024 reside na sua capacidade de captar a atenção, comunicar de forma eficaz, estabelecer uma ligação emocional, incentivar a partilha e adaptar-se aos diversos objetivos de marketing. As marcas que integram com sucesso o marketing de vídeo na sua estratégia global podem esperar uma melhoria significativa no envolvimento, na notoriedade e no impacto das suas comunicações.

2.3.2. Estratégias de conteúdo de vídeo

Em 2024, o desenvolvimento de estratégias eficazes de conteúdo de vídeo tornou-se um aspecto essencial do marketing digital. Com o consumo de vídeos online aumentando constantemente, as marcas precisam adotar abordagens inovadoras e direcionadas para se destacarem e envolverem seu público. A chave do sucesso está na criação de conteúdo de vídeo que não seja apenas cativante, mas também alinhado aos objetivos e valores da marca.

O primeiro passo no desenvolvimento de uma estratégia de conteúdo de vídeo é definir objetivos claros. Essas metas podem variar desde aumentar o conhecimento da marca, envolvimento do público, geração de leads ou conversão de vendas. Uma compreensão clara dos objetivos ajuda a orientar o tipo de conteúdo de vídeo a ser produzido, sejam tutoriais educacionais, depoimentos de clientes, demonstrações de produtos ou histórias inspiradoras de marcas.

Uma vez definidos os objetivos, é fundamental compreender o público-alvo. Isto passa por conhecer as suas preferências, os seus hábitos de consumo de conteúdos e as plataformas que frequentam. Por exemplo, um público mais jovem pode ficar mais envolvido com vídeos curtos e dinâmicos em plataformas como TikTok ou Instagram, enquanto um público profissional pode preferir webinars aprofundados ou estudos de caso no LinkedIn ou YouTube.

Diversificar os formatos de vídeo também é

um componente importante de uma estratégia de conteúdo de vídeo bem-sucedida. As marcas devem explorar uma variedade de formatos, como vídeo ao vivo, animação, entrevistas, vídeos explicativos e narrativa visual. Cada formato tem seus pontos fortes e pode ser usado para comunicar diferentes aspectos da marca ou atingir diferentes objetivos.

A qualidade do conteúdo é outro fator crucial. Em 2024, os padrões de produção de vídeo são elevados e o público espera conteúdo visualmente atraente e tecnicamente bem produzido. Isso não significa necessariamente que cada vídeo precise ter um alto orçamento de produção, mas deve ser bem elaborado, com boa iluminação, áudio nítido e narrativa coesa.

Otimizar vídeos para SEO (SEO) também é essencial. Isso inclui o uso de palavras-chave relevantes em títulos, descrições e tags, bem como a otimização para pesquisas em dispositivos móveis e diferentes plataformas de mídia social. O SEO ajuda a garantir que os vídeos sejam facilmente descobertos pelo público-alvo.

Finalmente, medir e analisar o desempenho do vídeo é essencial para refinar a estratégia de conteúdo de vídeo. As marcas devem acompanhar métricas como visualizações, taxa de engajamento, tempo de exibição e conversões para avaliar a eficácia de seus vídeos. Esses dados ajudam a ajustar abordagens futuras e a garantir que os vídeos continuem a atender às necessidades e aos interesses do público.

Concluindo, uma estratégia eficaz de conteúdo de vídeo em 2024 requer planejamento cuidadoso, compreensão do público, diversificação de formatos, produção de qualidade, otimização para SEO e análise contínua de desempenho. Ao adotar essas abordagens, as marcas podem criar vídeos que não apenas cativam e envolvem, mas também contribuem significativamente para seus objetivos gerais de marketing.

2.3.3. Plataformas e formatos

Em 2024, o panorama das plataformas e formatos de marketing de vídeo diversificou-se significativamente, proporcionando às marcas uma infinidade de opções para alcançar e envolver os seus públicos. Cada plataforma possui características únicas e formatos específicos, adequados a diferentes tipos de conteúdo e públicos. Compreender essas nuances é essencial para maximizar o impacto das estratégias de marketing de vídeo.

O YouTube continua a dominar como plataforma de marketing de vídeo, graças ao seu vasto público e recursos avançados de SEO. Este é um ótimo lugar para vídeos mais longos e detalhados, como tutoriais, demonstrações de produtos ou webinars. O YouTube também é eficaz para narrativas de marcas e séries de vídeos, dando às marcas um espaço para construir narrativas aprofundadas e envolventes.

O Instagram, com ênfase em recursos visuais, é perfeito para vídeos curtos e contundentes. Instagram Stories e Reels oferecem formatos dinâmicos para conteúdo rápido e envolvente, ideais para captar a atenção do público mais jovem. Esses formatos são excelentes para prévias de produtos, momentos de bastidores ou colaborações com influenciadores.

O TikTok revolucionou o cenário do vídeo com seu formato de vídeo curto e viral. É uma plataforma fundamental para alcançar a Geração Z e criar conteúdo que pode se tornar viral rapidamente. As marcas estão usando o TikTok para desafios, tendências de dança e narrativas criativas que incentivam o envolvimento do usuário e a criação de conteúdo gerado pelo usuário.

O LinkedIn se estabeleceu como uma plataforma líder para conteúdo de vídeo profissional e B2B. Os vídeos no LinkedIn são ideais para compartilhar insights de especialistas, estudos de caso e conteúdo educacional que constroem credibilidade e autoridade da marca em um contexto profissional.

Fora destas plataformas principais, outras opções emergentes oferecem oportunidades únicas. Por exemplo, plataformas como Twitch ou aplicativos de realidade aumentada/virtual abrem novos caminhos para experiências imersivas e interativas.

Quanto aos formatos, variam desde vídeos ao

vivo, que permitem a interação em tempo real com o público, até vídeos em 360°, que oferecem uma experiência imersiva. Os vídeos animados também são populares para explicar conceitos complexos de uma forma simples e visualmente atraente.

Concluindo, em 2024, a escolha da plataforma e formato de vídeo marketing deve estar alinhada aos objetivos da marca, à mensagem do conteúdo e às preferências do público-alvo. Uma estratégia de marketing de vídeo bem-sucedida geralmente envolve uma combinação de múltiplas plataformas e formatos, cada um contribuindo para um aspecto diferente da narrativa da marca e do envolvimento do público. Ao aproveitar sabiamente essas várias opções, as marcas podem criar campanhas de marketing de vídeo mais dinâmicas, direcionadas e eficazes.

2.3.4 Medição de impacto e ROI

Em 2024, medir o impacto e o retorno do investimento (ROI) das campanhas de video marketing tornou-se uma prática padrão para empresas que desejam avaliar a eficácia das suas estratégias digitais. Compreender o verdadeiro impacto dos vídeos nos objetivos de negócios e marketing é crucial para justificar investimentos e orientar futuras decisões estratégicas.

O primeiro passo para medir o impacto dos vídeos é definir indicadores-chave de desempenho (KPIs) alinhados com os objetivos específicos da campanha. Esses KPIs podem incluir métricas como número de visualizações, taxa de engajamento (curtidas, comentários, compartilhamentos), duração da exibição e taxa de cliques em links incorporados. Para campanhas focadas em conversão, KPIs como taxa de conversão, número de leads gerados ou vendas diretamente atribuíveis ao vídeo também são importantes.

A análise desses KPIs permite que as marcas entendam não apenas quantas pessoas viram o vídeo, mas também como interagiram com ele. Por exemplo, uma alta taxa de visualização, mas uma baixa taxa de envolvimento, pode indicar que o vídeo está atraindo a atenção, mas não incentivando a ação. Da mesma forma, um elevado número de cliques em um link incorporado pode indicar grande interesse no produto ou serviço apresentado.

Para medir o ROI, é essencial relacionar estes KPIs com os custos reais de produção e distribuição de vídeo. Isto envolve levar em conta os custos criativos, incluindo produção, edição e possivelmente taxas pagas a influenciadores ou agências. Ao comparar esses custos com a receita gerada ou com o valor dos leads obtidos, as empresas podem calcular um ROI preciso e compreender a eficácia financeira de suas campanhas de vídeo.

Ferramentas analíticas avançadas desempenham

um papel crucial na medição do impacto e do ROI. Plataformas como o Google Analytics, ferramentas integradas de análise de mídia social e software especializado de marketing de vídeo oferecem insights detalhados sobre o desempenho do vídeo. Essas ferramentas não apenas rastreiam KPIs padrão, mas também permitem análises mais profundas, como rastreamento da jornada do usuário, atribuição multitoque e análise do comportamento do visualizador.

Finalmente, é importante adotar uma abordagem holística ao medir o impacto dos vídeos. Isso significa considerar não apenas métricas quantitativas, mas também impactos qualitativos, como melhorar o reconhecimento da marca, a percepção da marca pelo consumidor e alinhar o conteúdo do vídeo com os valores da marca. Estes aspectos qualitativos, embora mais difíceis de medir, são essenciais para compreender o impacto total dos vídeos na estratégia global de marketing.

Em resumo, medir o impacto e o ROI das campanhas de marketing de vídeo em 2024 requer uma combinação de rastreamento de KPI, análise de custos, uso de ferramentas analíticas avançadas e avaliação holística do impacto qualitativo. Ao adotar esta abordagem abrangente, as empresas podem não só justificar os seus investimentos em marketing de vídeo, mas também refinar as suas estratégias para maximizar o impacto futuro.

CAPÍTULO 3: NOVAS TECNOLOGIAS E MARKETING DIGITAL

"As pessoas não acreditam no que você faz, elas acreditam no porquê você faz isso."

Simon Sinek

Em 3.1 Inteligência Artificial e Automação

3.1.1 IA em marketing digital

Em 2024, a integração da inteligência artificial (IA) no marketing digital revolucionou a forma como as empresas interagem com os seus clientes e otimizam as suas estratégias de marketing. A IA, com a sua análise avançada de dados, aprendizagem automática e capacidades de automação, abriu novos caminhos para personalização, eficiência e inovação no marketing digital.

Uma das áreas mais impactadas pela IA no marketing digital é a personalização em escala. Por meio de análises complexas de dados e processamento de linguagem natural, a IA permite que as marcas criem experiências de usuário altamente personalizadas. Isso se manifesta em recomendações de produtos em sites de comércio eletrônico, conteúdo personalizado em e-mails de marketing e anúncios direcionados nas redes sociais. Ao compreender as preferências e comportamentos dos utilizadores, a IA ajuda as marcas a transmitir a mensagem certa, ao utilizador certo, no momento certo, aumentando assim o envolvimento e a conversão.

A automação, alimentada por IA, é outra área importante. Tarefas repetitivas e demoradas, como segmentação de clientes, envio de e-mails e gerenciamento de campanhas publicitárias, podem ser automatizadas usando IA. Isso libera um tempo valioso para as equipes de marketing, permitindo que se concentrem em aspectos mais estratégicos e criativos do marketing. Além disso, a automação melhora a eficiência e consistência das campanhas de marketing, reduzindo erros humanos e garantindo uma execução rápida e precisa.

A IA também desempenha um papel crucial na análise preditiva. Ao analisar enormes conjuntos de dados, a IA pode identificar tendências, prever o comportamento do consumidor e antecipar as necessidades futuras do mercado. Essa capacidade permite que as empresas tomem decisões proativas e informadas, desenvolvam produtos inovadores e criem campanhas de marketing que atendam às novas expectativas dos consumidores. Além disso, a IA melhora a experiência do cliente por meio de chatbots e assistentes virtuais. Essas ferramentas, alimentadas por IA, oferecem assistência em tempo real, respondem às perguntas dos clientes e fornecem suporte personalizado. Essa interação instantânea e personalizada melhora a satisfação do cliente e fortalece a fidelidade à marca.

Finalmente, a IA ajuda a otimizar campanhas de marketing em tempo real. Usando o aprendizado de máquina, os sistemas de IA podem aprender continuamente com as interações anteriores e ajustar as estratégias de marketing para maximizar a eficácia. Seja ajustando lances para anúncios on-line ou alterando o conteúdo da campanha com base no feedback dos usuários, a IA garante que as campanhas permaneçam relevantes e bem-sucedidas.

Concluindo, a integração da IA ao marketing digital em 2024 transformou a forma como as empresas abordam o marketing. Ao oferecer personalização avançada, automação, análise preditiva, melhoria da experiência do cliente e recursos de otimização em tempo real, a IA tornou-se uma ferramenta indispensável para profissionais de marketing que buscam permanecer competitivos em um ambiente digital em constante evolução.

3.1.2 Personalização e IA

Em 2024, a personalização no marketing digital atingiu novos patamares graças à integração avançada da inteligência artificial (IA). A IA permitiu a personalização a um nível muito mais profundo e sofisticado, transformando a forma como as marcas interagem com os seus clientes e proporcionando uma experiência de utilizador altamente personalizada e relevante.

A IA permite que as empresas coletem e analisem grandes quantidades de dados sobre comportamentos, preferências e interações dos usuários. Esse recurso de análise aprofundada permite criar perfis de usuário detalhados e compreender as nuances das necessidades e desejos de cada indivíduo. A partir dessas informações, as marcas podem personalizar suas mensagens, ofertas e conteúdos de forma muito mais precisa e relevante para cada usuário.

Por exemplo, no comércio eletrônico, a IA é usada para recomendar produtos personalizados. Ao analisar o comportamento de navegação, compras anteriores e interações com produtos, os sistemas de IA podem sugerir itens que correspondam aos gostos e preferências individuais dos clientes. Esta abordagem não se limita a recomendações de produtos; também se estende à personalização de toda a experiência de navegação, incluindo layout do site, promoções exibidas e até comunicações por e-mail.

No conteúdo, a IA permite a personalização dinâmica do conteúdo. Os sistemas de IA podem ajustar o conteúdo exibido em um site ou aplicativo em tempo real, com base nas interações do usuário. Isso significa que cada usuário recebe uma experiência de conteúdo única e personalizada, aumentando o engajamento e a relevância.

A IA também desempenha um papel fundamental na personalização de campanhas publicitárias. Ao analisar dados demográficos, interesses e comportamentos online, a IA pode ajudar a direcionar os anúncios com mais precisão, garantindo que as mensagens cheguem às pessoas com maior probabilidade de estarem interessadas. Esta abordagem direcionada não só melhora a eficácia das campanhas publicitárias, mas também reduz o desperdício de recursos publicitários.

Além disso, a IA melhora a experiência do cliente por meio de interações personalizadas. Chatbots e assistentes virtuais com tecnologia de IA podem fornecer suporte personalizado ao cliente, respondendo a perguntas específicas dos clientes e oferecendo recomendações com base em suas preferências e histórico de compras.

Concluindo, a personalização graças à IA em 2024 transformou profundamente o marketing digital. Ele permite que as marcas criem experiências de usuário únicas e relevantes, melhorem o envolvimento e a satisfação do cliente e otimizem a eficácia das campanhas de marketing. Essa personalização avançada não é apenas benéfica para as marcas em termos de aumento de conversões e fidelidade do cliente, mas também melhora significativamente a experiência geral do usuário.

3.1.3 Automação de marketing

Em 2024, a automação de marketing tornou-se uma parte fundamental das estratégias de marketing digital, permitindo que empresas de todos os tamanhos otimizem seus esforços de marketing, melhorem a eficiência e personalizem as interações com os clientes em uma escala sem precedentes. A automação de marketing utiliza tecnologias avançadas para gerenciar e executar tarefas de marketing de forma sistemática e eficiente, reduzindo assim a carga de trabalho manual e aumentando a precisão da campanha.

Um dos maiores benefícios da automação de marketing é a capacidade de gerenciar com eficácia as interações com os clientes em vários canais. Isto inclui o envio de emails personalizados, a publicação de conteúdos nas redes sociais, a gestão de campanhas publicitárias online e a atualização de websites. Com a automação, essas tarefas podem ser agendadas e executadas automaticamente com base em gatilhos específicos ou comportamentos do usuário, garantindo que a mensagem certa chegue ao cliente certo, no momento certo.

A automação de marketing também é essencial para rastreamento e gerenciamento de leads. Os sistemas de automação podem rastrear as interações dos usuários com o site, e-mails e mídias sociais de uma empresa, registrando dados valiosos sobre os interesses e comportamentos de clientes potenciais. Essas informações são então utilizadas para segmentar leads e personalizar ainda mais os esforços de marketing, aumentando as chances de conversão.

Além disso, a automação de marketing desempenha um papel crucial em análises e relatórios. As ferramentas de automação fornecem análises detalhadas sobre o desempenho da campanha, oferecendo insights sobre aspectos como taxa de abertura de e-mail, taxa de cliques, tráfego do site e conversões. Esses dados permitem que os profissionais de marketing ajustem rapidamente suas estratégias, otimizem as campanhas atuais e tomem decisões informadas com base nos dados.

A integração da inteligência artificial na automação de marketing também permitiu avanços significativos na personalização e eficiência. A IA pode analisar grandes quantidades de dados para identificar tendências, prever comportamentos dos clientes e automatizar decisões complexas de marketing. Por exemplo, a IA pode recomendar automaticamente produtos ou serviços personalizados a clientes individuais, com base no seu histórico de compras e preferências.

Por fim, a automação de marketing torna as mensagens consistentes e consistentes em todos os canais. Ao centralizar o gerenciamento de campanhas e conteúdo, as empresas podem garantir que as mensagens de sua marca permaneçam consistentes, independentemente do ponto de contato com o cliente. Isso é essencial para construir uma marca forte e confiável.

Concluindo, em 2024, a automação de marketing é uma parte indispensável do marketing digital, oferecendo benefícios significativos em termos de eficiência, personalização, análise e consistência das mensagens. Ao adotar a automação, as empresas podem não apenas simplificar suas operações de marketing, mas também proporcionar experiências mais ricas e envolventes aos clientes.

3.1.4 Exemplos de aplicação

Em 2024, a aplicação da inteligência artificial (IA) e da automação no marketing digital manifestou-se através de diversos exemplos inovadores e impactantes, demonstrando a sua capacidade de transformar as estratégias de marketing das empresas.

Um exemplo notável é o uso de chatbots com tecnologia de IA no atendimento ao cliente. Estes chatbots, integrados em websites e plataformas de redes sociais, utilizam processamento de linguagem natural para compreender e responder às dúvidas dos clientes em tempo real. Por exemplo, uma empresa de comércio eletrônico pode usar um chatbot para ajudar os clientes a encontrar produtos, responder perguntas sobre pedidos ou resolver problemas de atendimento ao cliente. Estes chatbots prestam assistência instantânea, reduzem o tempo de espera dos clientes e libertam recursos humanos para tarefas mais complexas.

Outro exemplo é a automação de campanhas de email marketing. Os sistemas de automação usam dados de comportamento do cliente, como histórico de compras e interações anteriores por e-mail, para enviar mensagens personalizadas. Por exemplo, depois que um cliente compra um produto, a IA pode acionar uma série de e-mails personalizados oferecendo acessórios ou produtos complementares, aumentando a chance de vendas adicionais.

A IA também é usada para personalização de conteúdo em sites. Com base no comportamento de navegação do usuário, nas interações anteriores e nas preferências, a IA pode alterar dinamicamente o conteúdo exibido no site, criando uma experiência altamente personalizada. Por exemplo, um site de viagens pode exibir ofertas de viagens personalizadas com base nos destinos visualizados anteriormente ou nas preferências de viagem do usuário.

Na publicidade online, a IA e a automação permitiram a otimização em tempo real das campanhas publicitárias. Os algoritmos de IA analisam continuamente o desempenho dos anúncios e ajustam automaticamente os lances, a segmentação e o conteúdo para maximizar o ROI. Por exemplo, uma campanha publicitária nas redes sociais pode ser constantemente ajustada com base nas interações dos utilizadores, garantindo que os anúncios sejam sempre relevantes e eficazes.

Finalmente, a análise preditiva baseada em IA é usada para antecipar tendências de mercado e comportamento do consumidor. Ao analisar grandes quantidades de dados, as empresas podem prever as necessidades futuras dos clientes, identificar oportunidades de mercados emergentes e ajustar as suas estratégias em conformidade. Por exemplo, uma marca de moda pode utilizar análises preditivas para antecipar tendências de moda e ajustar as suas coleções e inventário em conformidade.

Esses exemplos ilustram como a IA e a automação estão transformando o marketing digital em 2024, proporcionando experiências mais personalizadas aos clientes, otimizando as operações de marketing e fornecendo insights valiosos para a tomada de decisões. A adoção dessas tecnologias permite que as empresas permaneçam competitivas em um cenário digital em constante mudança e proporcionem experiências excepcionais aos clientes.

3.2 Realidade Aumentada e Virtual

3.2.1 AR/VR em marketing

Em 2024, a realidade aumentada (AR) e a realidade virtual (VR) assumiram um papel de liderança no marketing digital, oferecendo experiências imersivas e interativas que redefinem o envolvimento do cliente. A adoção destas tecnologias permitiu às marcas criar campanhas publicitárias inovadoras, melhorar a experiência de compra e fortalecer a ligação emocional com os consumidores.

A AR, em particular, revolucionou o setor varejista. As marcas estão usando AR para permitir que os clientes experimentem os produtos virtualmente antes de comprá-los. Por exemplo, uma marca de cosméticos pode oferecer um aplicativo de RA que permite aos usuários ver como diferentes produtos de maquiagem ficariam em seu rosto em tempo real. Da mesma forma, as lojas de móveis estão usando AR para ajudar os clientes a visualizar como os móveis caberiam em seu espaço residencial. Essas experiências de compra imersivas não apenas melhoram a satisfação do cliente, mas também reduzem as taxas de devolução, proporcionando uma melhor compreensão do produto.

Na RV, as marcas estão criando experiências de marca completas que envolvem os usuários em mundos totalmente projetados. Por exemplo, uma empresa automobilística pode usar a RV para oferecer aos clientes uma experiência de direção virtual de seu modelo de carro mais recente. As empresas de viagens e turismo estão usando a RV para oferecer passeios virtuais por destinos, permitindo que os clientes experimentem a viagem antes de fazer a reserva. Essas experiências de RV não são apenas envolventes, mas também ajudam a criar expectativa e desejo pelo produto ou serviço.

AR e VR também são usados para campanhas publicitárias interativas. As marcas estão criando anúncios onde os usuários podem interagir com elementos de AR ou mergulhar em experiências de VR. Essas campanhas não apenas chamam a atenção; eles criam memórias duradouras e constroem o envolvimento da marca.

Além disso, essas tecnologias oferecem oportunidades únicas para contar histórias de marcas. Ao usar AR e VR, as empresas podem contar histórias de uma forma mais envolvente e emocional. Por exemplo, uma marca pode usar a RV para transportar os utilizadores para a história da fundação da empresa ou para mostrar o impacto das suas iniciativas de sustentabilidade.

Finalmente, AR e VR fornecem dados valiosos sobre o comportamento do usuário. As marcas podem acompanhar como os usuários interagem com experiências de AR/VR, quais produtos eles preferem e quanto tempo gastam com determinados recursos. Esses dados podem ser usados para refinar estratégias de marketing e melhorar experiências futuras.

Concluindo, a integração de AR e VR no marketing digital em 2024 abriu novas dimensões de envolvimento do cliente. Ao oferecer experiências de compra imersivas, campanhas publicitárias interativas, oportunidades cativantes de contar histórias e informações comportamentais valiosas, a AR e a VR permitem que as marcas se conectem com os consumidores de uma forma mais profunda e significativa.

3.2.2 Campanhas inovadoras

Em 2024, a utilização de realidade aumentada (AR) e realidade virtual (VR) em campanhas de marketing resultou em iniciativas publicitárias notavelmente inovadoras, transformando a forma como as marcas interagem com os seus públicos. Estas tecnologias ajudaram a criar experiências publicitárias imersivas e memoráveis, que não só cativam a atenção dos consumidores, mas também fortalecem o envolvimento com a marca.

Um exemplo notável de campanha inovadora é uma marca de moda que lançou uma experiência de AR que permite aos usuários ver e experimentar virtualmente roupas e acessórios através de seus smartphones. Esta campanha não só gerou um buzz considerável devido ao seu carácter inovador, mas também aumentou as taxas de conversão ao proporcionar aos clientes uma experiência de compra mais interactiva e personalizada.

Na indústria do entretenimento, uma grande produtora cinematográfica usou a RV para criar uma experiência imersiva vinculada ao lançamento de um filme muito aguardado. Os usuários poderiam explorar cenas do filme, interagir com elementos da história e até participar de missões virtuais. Esta campanha não só despertou o interesse pelo filme, mas também proporcionou uma experiência de marca profunda e envolvente que fortaleceu a fidelidade dos fãs.

Uma empresa automotiva inovou ao usar VR para oferecer test drives virtuais de seus novos modelos. Os clientes puderam sentar-se num simulador VR e experimentar uma experiência de condução realista, incluindo a sensação de conduzir em diferentes terrenos e em diversas condições meteorológicas. Esta abordagem não só superou as limitações dos test drives tradicionais, mas também permitiu à marca destacar-se num mercado competitivo.

No espaço de educação e formação, uma empresa de tecnologia lançou uma campanha de RV com o objetivo de educar o público sobre as novas tecnologias. Os usuários poderiam participar de simulações interativas para aprender como essas tecnologias funcionam e seu impacto potencial na sociedade. Esta campanha não só fortaleceu a posição da empresa como líder em inovação tecnológica, mas também ajudou a educar e envolver o público em temas importantes.

Por fim, uma marca de beleza usou AR para criar uma campanha interativa nas redes sociais, onde os usuários podiam experimentar virtualmente diferentes produtos de maquiagem. Ao compartilhar seus looks virtuais nas redes sociais, os usuários poderiam participar de uma competição, aumentando a visibilidade da marca e incentivando o engajamento do consumidor.

Esses exemplos ilustram como a AR e a VR podem ser usadas para criar campanhas de marketing que não são apenas inovadoras, mas também profundamente envolventes. Ao fornecer experiências imersivas e interativas, essas tecnologias permitem que as marcas se conectem com seus públicos de maneiras mais significativas, desenvolvam o reconhecimento da marca e aumentem o envolvimento e a fidelidade do cliente.

3.2.3 Integração com redes sociais

Em 2024, a integração da realidade aumentada (AR) e da realidade virtual (VR) com as redes sociais abriu novos caminhos para o marketing digital, criando experiências de usuário mais imersivas e interativas. Esta convergência permitiu que as marcas se conectassem com os seus públicos de formas mais significativas, transformando a forma como os utilizadores interagem com o conteúdo nas plataformas sociais.

A integração da RA nas redes sociais revolucionou notavelmente o envolvimento dos utilizadores. Plataformas como Instagram e Snapchat adotaram AR para permitir que os usuários tenham experiências interativas diretamente de seus aplicativos. Por exemplo, as marcas de beleza usam filtros AR para permitir que os usuários experimentem virtualmente produtos de maquiagem, enquanto os varejistas de moda oferecem experimentações virtuais de roupas. Essas experiências de AR não apenas aumentam o envolvimento do usuário; eles também fornecem informações valiosas sobre as preferências do consumidor, o que é essencial para estratégias de marketing direcionadas.

A RV, embora menos prevalente nas redes sociais devido à sua natureza mais imersiva e à necessidade de equipamentos específicos, também encontrou o seu lugar. Plataformas como o Facebook Horizon e outros espaços sociais de VR permitem que os usuários mergulhem em ambientes virtuais onde podem interagir com o conteúdo da marca de maneira mais profunda. Por exemplo, uma agência de viagens pode criar uma experiência de RV onde os usuários podem explorar virtualmente um destino, proporcionando uma forma única de contar histórias e promoção.

A integração de AR e VR com as redes sociais também abriu caminho para campanhas publicitárias mais inovadoras e envolventes. As marcas podem criar anúncios AR interativos que incentivam os usuários a interagir com o produto de uma forma divertida, aumentando assim o conhecimento da marca e o envolvimento do consumidor. Da mesma forma, as experiências de RV compartilhadas nas redes sociais podem gerar buzz e incentivar o compartilhamento de conteúdo, ampliando o alcance da marca.

Além disso, a integração dessas tecnologias com as mídias sociais permite maior personalização do marketing. Usando dados coletados das interações dos usuários com experiências de AR e VR, as marcas podem refinar suas estratégias de marketing e conteúdo para melhor atender aos interesses e necessidades de seu público-alvo.

Concluindo, a integração de AR e VR com as mídias sociais em 2024 enriqueceu significativamente a experiência do usuário e ofereceu às marcas novas maneiras de se conectarem com seus públicos. Ao criar experiências imersivas e interativas, as marcas podem não só aumentar o envolvimento e a notoriedade, mas também obter informações valiosas sobre as preferências dos seus consumidores, o que é essencial para o sucesso do marketing digital na era moderna.

3.2.4 Futuro da AR/VR em marketing

Em 2024, o futuro da realidade aumentada (AR) e da realidade virtual (VR) no marketing parece brilhante e cheio de potencial. Estas tecnologias continuam a evoluir a um ritmo rápido, abrindo novas possibilidades para as marcas criarem experiências imersivas e memoráveis para os clientes. O impacto da AR e VR no marketing vai muito além de simples dispositivos tecnológicos; eles estão se tornando ferramentas essenciais para contar histórias de marcas, envolver o cliente e personalizar o marketing.

Um dos desenvolvimentos mais significativos esperados no futuro da AR e VR é a sua maior integração na vida quotidiana dos consumidores. À medida que a tecnologia melhora e os custos diminuem, espera-se que mais pessoas tenham acesso a estas experiências. Isto significa que as marcas poderão atingir um público mais vasto e diversificado, proporcionando experiências de AR e VR em contextos cada vez mais variados, desde lojas físicas a plataformas online.

Outro aspecto importante do futuro da AR e VR no marketing é a personalização aprimorada. Graças aos avanços na IA e na aprendizagem automática, as experiências de AR e VR poderão ser adaptadas às preferências individuais dos utilizadores, proporcionando uma experiência ainda mais personalizada e relevante. Por exemplo, uma experiência de AR na loja poderia recomendar produtos específicos com base no histórico de compras do cliente, enquanto uma experiência de VR poderia se adaptar em tempo real às reações e interações do usuário.

O futuro também verá uma integração mais profunda de AR e VR em estratégias omnicanal. As marcas procurarão criar experiências consistentes e conectadas em diferentes pontos de contato com o cliente, sejam lojas físicas, websites, aplicativos móveis ou mídias sociais. Esta abordagem omnicanal criará uma jornada do cliente perfeita e integrada, fortalecendo o envolvimento e a fidelidade à marca.

Além disso, o futuro da AR e VR no marketing poderá ver o surgimento de novas formas de publicidade e parcerias de marca. Por exemplo, as marcas poderiam colaborar com plataformas de jogos VR para criar experiências de marca imersivas ou usar AR para fornecer anúncios interativos e personalizados em ambientes urbanos.

Finalmente, é provável que as questões éticas e de privacidade desempenhem um papel cada vez mais importante no uso de AR e VR no marketing. As marcas precisarão estar atentas à forma como coletam e usam os dados dos usuários e garantir que as experiências de AR e VR respeitem a privacidade e a segurança do consumidor.

Concluindo, o futuro da AR e VR no marketing está cheio de possibilidades. Essas tecnologias oferecem às marcas oportunidades únicas para inovar suas estratégias de marketing, criar experiências atraentes para o cliente e construir engajamento e fidelidade à marca. No entanto, para aproveitar ao máximo estas oportunidades, as marcas terão de navegar num cenário em constante mudança, permanecendo atentas aos avanços tecnológicos, às expectativas dos consumidores e às considerações éticas.

3.3 Blockchain e Marketing

3.3.1 Blockchain explicado

Em 2024, blockchain tornou-se um termo familiar, mas a sua compreensão muitas vezes permanece limitada ao campo das criptomoedas. No entanto, o blockchain tem um potencial muito maior, especialmente no marketing digital. Em sua essência, o blockchain é uma tecnologia de registro distribuído que permite que os dados sejam armazenados de forma segura, transparente e inalterável. Esta tecnologia funciona como uma blockchain (daí o nome), onde cada bloco contém um conjunto de transações ou informações, ligadas criptograficamente ao bloco anterior, formando assim uma cadeia.

Um dos principais pontos fortes do blockchain é a sua natureza descentralizada. Ao contrário dos bancos de dados tradicionais gerenciados por uma entidade central, o blockchain é distribuído por uma rede de computadores, tornando os dados mais seguros e resistentes à manipulação. Cada transação no blockchain é verificada pelo consenso da rede, o que garante a autenticidade e confiabilidade das informações registradas.

No contexto do marketing, o blockchain oferece diversas vantagens. Primeiro, garante maior transparência. As empresas podem usar o blockchain para criar um histórico transparente e verificável de seus produtos, desde a produção até a entrega. Isto pode ser particularmente útil para marcas que queiram provar a autenticidade dos seus produtos ou demonstrar o seu compromisso com práticas éticas e sustentáveis.

Em segundo lugar, a blockchain oferece melhores possibilidades para a segurança dos dados. Num mundo onde a proteção dos dados dos consumidores é uma preocupação crescente, a blockchain pode oferecer uma solução mais segura para armazenar e gerir os dados dos clientes. Isto pode ajudar a construir a confiança do consumidor nas marcas que utilizam esta tecnologia.

Além disso, o blockchain facilita a implementação de contratos inteligentes. Esses contratos autoexecutáveis, que são ativados quando determinadas condições são atendidas, podem automatizar vários aspectos de marketing e vendas, como o gerenciamento de recompensas de fidelidade, a verificação de direitos autorais ou a implementação de programas de fidelidade.

Finalmente, o blockchain abre caminho para novas formas de publicidade e promoção. Por exemplo, pode ser usado para criar sistemas de recompensa transparentes e seguros para consumidores que partilham os seus dados ou participam em campanhas publicitárias.

Em resumo, o blockchain no marketing vai muito além das criptomoedas. Oferece possibilidades inovadoras de transparência, segurança de dados, automação de processos e criação de novas estratégias de marketing. À medida que a tecnologia continua a evoluir, o seu potencial em marketing só cresce, proporcionando às empresas oportunidades únicas de se conectarem com os seus clientes de uma forma mais segura e envolvente.

3.3.2 Aplicações em marketing

Em 2024, o blockchain encontrou aplicações revolucionárias no marketing, transformando a forma como as empresas interagem com os consumidores e gerenciam os dados. A utilização desta tecnologia no marketing digital não só proporciona maior transparência e segurança, mas também abre caminho para métodos de marketing mais inovadores e eficazes.

Uma das aplicações mais notáveis do

blockchain no marketing é o gerenciamento de fidelidade e recompensas. Os programas de fidelidade baseados em Blockchain permitem que as empresas criem sistemas de recompensa transparentes e seguros. Os consumidores podem acumular e resgatar pontos de fidelidade de forma mais eficiente, com a garantia de que os seus dados e transações são seguros e imutáveis. Essa abordagem constrói a confiança do cliente e melhora seu envolvimento com a marca.

O Blockchain também é usado para fornecer transparência na cadeia de suprimentos, o que é particularmente relevante para marcas focadas em sustentabilidade e ética. As empresas podem usar o blockchain para registrar e rastrear a origem e a jornada de seus produtos, desde a origem até a venda. Esta transparência permite aos consumidores verificar a autenticidade dos produtos e as práticas sustentáveis da empresa, construindo assim confiança e fidelidade à marca.

No campo da publicidade digital, o blockchain oferece soluções para combater a fraude publicitária e melhorar a transparência das transações publicitárias. Ao usar o blockchain, as empresas podem garantir que seus anúncios sejam veiculados com segurança e que os dados de impressões e cliques sejam confiáveis e à prova de falsificação. Isto permite uma melhor otimização das campanhas publicitárias e uma alocação mais eficiente dos orçamentos publicitários.

Blockchain também facilita a implementação

de contratos inteligentes em campanhas de marketing. Esses contratos automatizados podem ser usados para gerenciar negócios com influenciadores, parcerias de co-marketing ou programas afiliados. Os contratos inteligentes garantem que todas as partes honram os seus compromissos e que os pagamentos ou recompensas são distribuídos automaticamente assim que as condições são cumpridas, simplificando assim os processos e reduzindo o risco de incumprimento.

Além disso, o blockchain permite um gerenciamento mais seguro dos dados dos clientes. Num contexto onde a proteção de dados pessoais se tornou uma grande preocupação, o blockchain oferece uma solução para armazenar e gerir dados de forma segura e transparente. Isso pode ajudar as empresas a cumprir as regulamentações de proteção de dados e, ao mesmo tempo, construir a confiança do consumidor.

Concluindo, as aplicações do blockchain no marketing digital em 2024 são vastas e variadas. Do gerenciamento de programas de fidelidade à transparência da cadeia de suprimentos, ao combate à fraude publicitária e ao gerenciamento seguro de dados, o blockchain oferece às empresas ferramentas poderosas para melhorar suas estratégias de marketing, construir a confiança dos consumidores e otimizar a eficácia de suas campanhas. À medida que a tecnologia continua a desenvolver-se, o seu potencial no marketing digital só crescerá, proporcionando oportunidades ainda mais inovadoras para as marcas.

3.3.3 Transparência e segurança

Em 2024, a transparência e a segurança no marketing digital assumiram uma importância crescente e o blockchain está no centro desta evolução. A capacidade única do Blockchain de fornecer transparência incomparável e segurança aprimorada transformou a maneira como as empresas gerenciam dados e interagem com os consumidores.

A transparência é um dos principais benefícios do blockchain no marketing. Graças ao seu livro-razão distribuído e imutável, cada transação ou interação registrada no blockchain é transparente e verificável por todos os participantes da rede. Esta funcionalidade é particularmente benéfica para marcas que desejam demonstrar o seu compromisso com práticas éticas e sustentáveis. Por exemplo, uma empresa pode utilizar a blockchain para rastrear a origem e o percurso dos seus produtos, proporcionando aos consumidores a capacidade de verificar a autenticidade do produto e as declarações de sustentabilidade da marca. Essa transparência constrói a confiança do consumidor e melhora a imagem da marca.

Em termos de segurança, o blockchain oferece um nível mais elevado de proteção de dados do que os métodos tradicionais. Os dados armazenados no blockchain são criptografados e distribuídos por uma rede descentralizada, tornando-os praticamente à prova de falsificação. Esta segurança reforçada é essencial num contexto em que as violações de dados e as preocupações com a privacidade são comuns. As empresas podem armazenar dados de clientes com segurança no blockchain, garantindo a proteção de informações confidenciais e construindo a confiança do cliente. O Blockchain também contribui para a segurança e transparência no campo da publicidade digital. Ele ajuda a combater a fraude publicitária, fornecendo um registro transparente e inviolável de impressões, cliques e conversões de anúncios. Isto permite aos anunciantes garantir que os seus orçamentos de publicidade são gastos de forma eficiente e que os resultados da campanha são autênticos. Esta transparência também ajuda a construir confiança entre anunciantes, editores e consumidores.

Além disso, o blockchain facilita a implementação de contratos inteligentes em campanhas de marketing. Estes contratos automatizados, executados na blockchain, garantem que todas as partes respeitem os seus compromissos. Por exemplo, numa campanha de afiliados, um contrato inteligente pode desencadear automaticamente um pagamento assim que uma venda for confirmada, garantindo uma compensação justa e transparente para todas as partes envolvidas.

Concluindo, a transparência e a segurança trazidas pelo blockchain no marketing digital em 2024 são ativos importantes para as empresas. Ao adotar esta tecnologia, as marcas podem não só construir a confiança do consumidor, mas também melhorar a eficácia e autenticidade das suas campanhas de marketing. Blockchain oferece uma solução robusta para navegar num cenário digital onde a proteção de dados e a transparência das operações são cada vez mais valorizadas pelos consumidores e reguladores.

3.3.4 Estudos de caso

Em 2024, vários estudos de caso ilustram o impacto revolucionário do blockchain no marketing digital, demonstrando como diferentes empresas adotaram esta tecnologia para melhorar a transparência, segurança e eficácia das suas estratégias de marketing.

Um estudo de caso notável é o de uma grande marca de bens de luxo que utilizou blockchain para combater a falsificação e construir a confiança do consumidor. A marca integrou a tecnologia blockchain para criar um sistema de rastreabilidade de seus produtos, desde a fabricação até a venda. Cada produto vinha acompanhado de um certificado digital armazenado na blockchain, garantindo sua autenticidade. Esta iniciativa não só ajudou a proteger a marca contra a falsificação, mas também aumentou a confiança dos consumidores na autenticidade e qualidade dos produtos.

Outro exemplo é uma empresa da indústria alimentícia que utilizou blockchain para proporcionar transparência em sua cadeia de suprimentos. A empresa registrou todas as etapas de produção, transporte e distribuição de seus produtos em um blockchain acessível ao público. Os consumidores poderiam escanear um código QR nos produtos para acessar o histórico completo da cadeia de suprimentos. Essa transparência não só melhorou a confiança do consumidor, mas também permitiu que a empresa se destacasse em um mercado cada vez mais focado na sustentabilidade e na ética.

Na indústria de publicidade digital, uma campanha inovadora utilizou blockchain para criar um sistema de recompensa transparente e seguro para usuários que compartilham seus dados. Os usuários poderiam optar por compartilhar alguns de seus dados em troca de tokens blockchain, que poderiam ser usados para compras ou serviços dentro do ecossistema da marca. Esta abordagem permitiu à empresa recolher dados valiosos, respeitando a privacidade dos utilizadores e recompensando-os pela sua participação.

Outro estudo de caso diz respeito a uma empresa de tecnologia que implementou contratos inteligentes para gerir as suas parcerias afiliadas. Os contratos inteligentes automatizaram o processo de pagamento de comissões, garantindo que os afiliados fossem pagos de forma justa e transparente com base nas vendas realizadas. Esta automatização não só reduziu os custos administrativos, mas também fortaleceu as relações com parceiros através de maior transparência e fiabilidade.

Finalmente, uma empresa de entretenimento usou blockchain para criar uma experiência única para os fãs. Os fãs podiam comprar tokens blockchain que lhes davam acesso a conteúdo exclusivo, eventos especiais e interações diretas com artistas. Esta estratégia não só gerou novas fontes de receita para a empresa, mas também criou uma comunidade de fãs mais engajada e leal.

Esses estudos de caso demonstram a versatilidade e eficácia do blockchain em vários aspectos do marketing digital. Da rastreabilidade do produto ao gerenciamento de dados do consumidor, publicidade e envolvimento dos fãs, o blockchain oferece às empresas formas inovadoras de melhorar a transparência, segurança e eficiência de suas operações de marketing. À medida que a tecnologia continua a evoluir, o seu potencial em marketing só cresce, proporcionando oportunidades cada vez mais inovadoras para as marcas.

CAPÍTULO 4: ANÁLISE E CIÊNCIA DE DADOS

"Criatividade é apenas conectar coisas. Quando você pergunta a pessoas criativas como elas fizeram algo, elas se sentem um pouco culpadas porque realmente não fizeram aquilo, apenas viram algo."

Steve Jobs

4.1 Big Data em Marketing Digital

4.1.1 Introdução ao Big Data

Em 2024, o Big Data tornou-se uma parte essencial do marketing digital, desempenhando um papel crucial na forma como as empresas compreendem, interagem e respondem aos seus clientes. O termo

"Big Data" refere-se a conjuntos extremamente grandes de dados que são analisados por tecnologias avançadas para revelar tendências, padrões e associações, particularmente no que diz respeito ao comportamento e às interações humanas.

A introdução do Big Data no marketing digital marcou uma transformação significativa na tomada de decisões e estratégia de negócios. Com acesso a uma enorme quantidade de informações provenientes de diversas fontes – redes sociais, transações online, dados móveis e muito mais – as empresas podem agora obter uma compreensão profunda das necessidades, preferências e comportamentos dos seus clientes. Essa riqueza de informações permite que os profissionais de marketing criem campanhas mais direcionadas, personalizem as experiências dos clientes e otimizem as estratégias de marketing para obter a máxima eficácia.

Big Data em marketing digital não se limita à coleta de grandes quantidades de dados; trata-se também da capacidade de analisar e interpretar esses dados para obter insights acionáveis. O uso de ferramentas analíticas avançadas, inteligência artificial e aprendizado de máquina permite que as empresas processem e analisem rapidamente grandes volumes de dados, transformando informações brutas em insights valiosos.

Esta abordagem baseada em dados permite uma segmentação de mercado mais precisa, uma melhor compreensão da jornada do cliente e uma otimização em tempo real das campanhas de marketing. Por exemplo, ao analisar os dados de comportamento do usuário em um site, uma empresa pode identificar pontos de atrito na jornada de compra e fazer melhorias para aumentar as taxas de conversão.

Além disso, o Big Data desempenha um papel fundamental na previsão de tendências e comportamentos futuros do consumidor. Ao identificar padrões em dados históricos, as empresas podem antecipar as necessidades futuras dos clientes, adaptar os seus produtos e serviços em conformidade e manter-se à frente da concorrência.

Concluindo, o Big Data mudou radicalmente o cenário do marketing digital, proporcionando às empresas oportunidades sem precedentes para compreender e responder eficazmente aos seus clientes. Ao aproveitar o poder do Big Data, as empresas podem não só melhorar as suas estratégias de marketing, mas também fortalecer a sua posição no mercado e criar experiências mais enriquecedoras e personalizadas para os clientes.

4.1.2 Coleta e gerenciamento de dados

Em 2024, a recolha e gestão de dados no âmbito do Big Data tornaram-se aspectos cruciais do marketing digital, exigindo atenção meticulosa e estratégica. A capacidade de uma empresa coletar dados relevantes de maneira eficiente e gerenciá-los de maneira responsável e eficiente é essencial para concretizar todo o potencial do Big Data.

A coleta de dados em marketing digital ocorre em vários canais. As empresas coletam informações das interações dos usuários em sites, aplicativos móveis, mídias sociais, transações on-line e até mesmo em dispositivos conectados como parte da Internet das Coisas (IoT). Cada interação fornece dados valiosos que podem incluir informações sobre hábitos de navegação, preferências de compra, comportamentos de pesquisa e reações a campanhas de marketing. Para maximizar a eficiência da coleta de dados, as empresas usam ferramentas avançadas, como cookies, pixels de rastreamento e software de análise da web.

Contudo, a simples recolha de dados não é suficiente. A gestão eficaz destes dados é igualmente crucial. Isso envolve organizar, armazenar e analisar os dados coletados para que sejam acessíveis, utilizáveis e seguros. As empresas precisam implementar sistemas robustos de gerenciamento de dados que possam armazenar grandes quantidades de dados, garantindo ao mesmo tempo sua integridade e confidencialidade. Isso inclui o uso de bancos de dados escaláveis, soluções de armazenamento em nuvem e sistemas de gerenciamento de dados que permitem acesso e análise rápidos de dados.

A segurança dos dados é outro aspecto crucial do gerenciamento de dados. Com o aumento das preocupações com a privacidade dos dados e regulamentações rigorosas, como o GDPR, em vigor, as empresas devem garantir que os dados sejam coletados, armazenados e usados de maneira compatível e segura. Isso envolve a implementação de protocolos de segurança robustos, criptografia de dados e políticas claras de privacidade de dados.

Além disso, a qualidade dos dados é essencial para análises precisas. As empresas devem ter processos implementados para limpar e validar dados, eliminando duplicatas, corrigindo erros e garantindo que os dados estejam atualizados e precisos. A boa qualidade dos dados garante que os insights das análises sejam confiáveis e relevantes.

Finalmente, o gerenciamento de dados também envolve a análise e interpretação de dados para obter insights acionáveis. As empresas usam ferramentas avançadas de análise de dados, incluindo inteligência artificial e aprendizado de máquina, para analisar tendências, identificar padrões e prever o comportamento do consumidor. Essas análises permitem que as empresas tomem decisões informadas, personalizem as experiências dos clientes e otimizem as estratégias de marketing.

Concluindo, a recolha e gestão de dados no âmbito do Big Data são elementos fundamentais do marketing digital em 2024. A gestão eficaz de dados permite às empresas maximizar a utilização das informações recolhidas, melhorar a tomada de decisões, reforçar a segurança e a conformidade e fornecer mais experiências personalizadas e envolventes do cliente.

4.1.3 Análise de dados para marketing

Em 2024, a análise de dados tornou-se um pilar central do marketing digital, permitindo às empresas transformar enormes volumes de dados brutos em insights valiosos e acionáveis. Esta capacidade de analisar e interpretar dados é crucial para compreender o comportamento do consumidor, otimizar estratégias de marketing e melhorar os resultados do negócio.

A análise de dados em marketing digital envolve o uso de técnicas e ferramentas sofisticadas para examinar dados coletados de diversas fontes. Isso inclui dados de navegação na web, interações em mídias sociais, históricos de compras, respostas a campanhas publicitárias e muito mais. Ao analisar estes dados, as empresas podem identificar tendências, padrões de comportamento, preferências dos consumidores e oportunidades de mercado. Por exemplo, a análise de dados de clickstream pode revelar os caminhos mais comuns que os clientes percorrem em um site, ajudando a otimizar a experiência do usuário e a aumentar as taxas de conversão.

Um dos aspectos mais poderosos da análise de dados é a segmentação de mercado. Ao segmentar os consumidores em grupos com base em critérios como idade, sexo, localização geográfica, interesses e comportamentos de compra, as empresas podem criar campanhas de marketing direcionadas e personalizadas. Esta abordagem direcionada não só é mais económica, como também aumenta a relevância e a eficácia das mensagens de marketing, melhorando o envolvimento e a fidelização do cliente.

A análise preditiva, um ramo da análise de dados, também desempenha um papel crucial no marketing digital. Usando modelos estatísticos e algoritmos de aprendizado de máquina, as empresas podem prever tendências futuras, comportamentos dos consumidores e resultados de campanhas de marketing. Por exemplo, a análise preditiva pode ajudar a antecipar quais produtos um cliente provavelmente comprará em seguida, permitindo que as empresas forneçam recomendações personalizadas e oportunas.

Além disso, a análise de dados ajuda a medir e otimizar o retorno do investimento (ROI) das campanhas de marketing. Ao rastrear métricas importantes como taxa de cliques, taxa de conversão, custo por aquisição e valor da vida útil do cliente, as empresas podem avaliar a eficácia de suas campanhas e ajustar suas estratégias para maximizar o ROI. Esta abordagem baseada em dados garante que os recursos de marketing sejam alocados de forma a gerar o melhor retorno possível.

Finalmente, a análise de dados permite uma

tomada de decisão mais rápida e informada. Com acesso a insights em tempo real, as empresas podem responder rapidamente às mudanças do mercado, aos comportamentos dos consumidores e ao desempenho das campanhas. Esta agilidade é essencial num ambiente de negócios em constante mudança, onde a capacidade de adaptação rápida pode ser um fator chave de sucesso.

Concluindo, a análise de dados para marketing em 2024 é um campo dinâmico e essencial, permitindo que as empresas naveguem com eficácia no complexo cenário do marketing digital. Ao transformar dados em insights valiosos, as empresas podem criar estratégias de marketing mais direcionadas, personalizadas e eficazes, melhorando o envolvimento do cliente e os resultados comerciais.

4.1.4 Privacidade e ética

Em 2024, as considerações éticas e de privacidade associadas à análise de dados no marketing digital tornaram-se grandes áreas de preocupação para empresas e consumidores. Com o aumento da recolha e análise de big data, é imperativo que as empresas abordem estas questões de forma responsável para manter a confiança do consumidor e cumprir as regulamentações atuais.

A privacidade do consumidor está no centro das preocupações éticas relacionadas à análise de dados. As empresas devem garantir que os dados pessoais são recolhidos, armazenados e utilizados de uma forma que respeite a privacidade dos indivíduos. Isto envolve a implementação de protocolos de segurança robustos para proteger os dados contra acesso não autorizado ou violações e garantir que os dados sejam criptografados e seguros. Além disso, as empresas devem ser transparentes sobre a forma como os dados são recolhidos e utilizados e obter o consentimento explícito dos consumidores para o seu processamento.

A conformidade com os regulamentos de proteção de dados, como o Regulamento Geral de Proteção de Dados (GDPR) da União Europeia ou a Lei de Privacidade do Consumidor da Califórnia (CCPA), também é essencial. Estes regulamentos impõem requisitos rigorosos ao tratamento de dados pessoais, incluindo o direito dos consumidores de saber quais os dados que são recolhidos sobre eles, de solicitar a eliminação dos seus dados e de recusar a sua utilização para fins de marketing. As empresas devem garantir que estão em total conformidade com estes regulamentos para evitar penalidades significativas e preservar a sua reputação.

Além disso, as considerações éticas vão além da simples conformidade legal. As empresas devem adotar uma abordagem ética na utilização dos dados, garantindo que os conhecimentos obtidos a partir da análise de dados não são utilizados para manipular ou explorar os consumidores.

Isto inclui evitar práticas como a segmentação excessivamente intrusiva, a discriminação baseada em dados ou a utilização de dados sensíveis de forma antiética.

A importância da ética na análise de dados também está ligada à construção da confiança do consumidor. Num ambiente onde as preocupações com a privacidade e a segurança dos dados são elevadas, as empresas que demonstram um compromisso com práticas éticas e responsáveis podem diferenciar-se e fidelizar os clientes.

Concluindo, a privacidade e a ética na análise de dados para marketing digital em 2024 são aspectos essenciais que as empresas devem abordar seriamente. Ao adotar práticas de gestão de dados responsáveis e em conformidade e ao comprometer-se a utilizar os dados de forma ética e transparente, as empresas podem não só cumprir os regulamentos, mas também construir a confiança e a fidelidade dos clientes.

4.2 Análise Preditiva e Comportamental

4.2.1 Fundamentos da análise preditiva

Em 2024, a análise preditiva tornou-se uma ferramenta essencial na área do marketing digital, permitindo às empresas prever tendências futuras, comportamentos dos consumidores e resultados de campanhas. Com base no uso de dados, estatísticas e modelos de aprendizado de máquina, a análise preditiva ajuda as empresas a antecipar as necessidades e desejos dos clientes, otimizar estratégias de marketing e tomar decisões informadas.

A análise preditiva depende da coleta e análise de grandes quantidades de dados históricos e atuais. Esses dados podem incluir informações sobre transações de clientes, interações em sites e mídias sociais, hábitos de compra e até dados externos, como tendências econômicas ou condições climáticas. Ao analisar esses dados, as empresas podem identificar padrões e tendências que as ajudam a compreender o comportamento passado e atual do consumidor.

Uma vez identificados esses padrões, a análise preditiva utiliza diversas técnicas estatísticas e de aprendizado de máquina para criar modelos preditivos. Esses modelos são capazes de prever resultados futuros com base em dados históricos. Por exemplo, um modelo preditivo pode ser usado para antecipar quais clientes provavelmente responderão positivamente a uma determinada campanha de marketing, quais são as chances de abandonar um serviço ou quais produtos um cliente provavelmente comprará em seguida.

Um dos principais benefícios da análise preditiva é a sua capacidade de ajudar as empresas a tomar decisões proativas em vez de reativas.

Em vez de esperar que surjam tendências, as empresas podem utilizar análises preditivas para antecipar as mudanças do mercado e ajustar as suas estratégias em conformidade. Isto pode levar a uma melhor alocação de recursos, campanhas de marketing mais direcionadas e uma melhoria geral na eficiência operacional.

Além disso, a análise preditiva desempenha um papel crucial na personalização do marketing. Ao compreender os comportamentos e preferências individuais dos clientes, as empresas podem criar experiências personalizadas que aumentam o envolvimento e a fidelidade do cliente. Por exemplo, ao prever as preferências de produto de um cliente, uma empresa pode personalizar as suas recomendações de produtos, proporcionando uma experiência de compra mais relevante e satisfatória.

Concluindo, os fundamentos da análise preditiva no marketing digital em 2024 residem na capacidade de transformar grandes quantidades de dados em insights valiosos e preditivos. Ao antecipar tendências futuras e compreender os comportamentos dos consumidores, as empresas podem otimizar as suas estratégias de marketing, proporcionar experiências personalizadas aos clientes e manter-se competitivas num mercado em constante mudança.

4.2.2 Compreender o

comportamento do consumidor

Em 2024, compreender o comportamento do consumidor tornou-se um aspecto fundamental do marketing digital, permitindo às empresas criar estratégias mais eficazes e personalizadas. A análise do comportamento do consumidor envolve o estudo aprofundado das ações, motivações, preferências e decisões de compra do cliente, utilizando uma combinação de dados quantitativos e qualitativos.

A análise do comportamento do consumidor começa com a coleta de dados em vários pontos de contato. Isso inclui interações em sites, aplicativos móveis, redes sociais, pontos de venda físicos e interações de atendimento ao cliente. Esses dados fornecem insights valiosos sobre como os consumidores interagem com a marca, os produtos que preferem, os caminhos que percorrem antes de fazer uma compra e os fatores que influenciam suas decisões de compra.

O uso de ferramentas analíticas avançadas permite que as empresas decifrem esses vastos conjuntos de dados para identificar tendências e padrões. Por exemplo, a análise dos fluxos de cliques do site pode revelar os principais estágios em que os clientes abandonam o carrinho, enquanto a análise das interações nas redes sociais pode fornecer insights sobre as atitudes e percepções do consumidor em relação à marca.

Além dos dados quantitativos, compreender o

comportamento do consumidor também envolve a análise de dados qualitativos, como avaliações, avaliações e feedbacks de clientes. Esta informação qualitativa proporciona uma visão mais profunda das motivações, necessidades e preocupações dos clientes, complementando os dados quantitativos para criar uma imagem completa do comportamento do consumidor.

A análise comportamental também ajuda a segmentar os clientes em grupos distintos com base em seus comportamentos, preferências e dados demográficos. Essa segmentação permite que as empresas direcionem suas mensagens de marketing com mais precisão, criando campanhas que atendem às necessidades e desejos específicos de cada segmento.

Além disso, compreender o comportamento do consumidor é essencial para a personalização. Ao identificar preferências individuais e comportamentos de compra, as empresas podem personalizar as suas ofertas, recomendações e comunicações para cada cliente. Esta abordagem personalizada não só aumenta a eficácia das campanhas de marketing, mas também melhora a experiência do cliente, fortalecendo assim a fidelização e a satisfação.

Concluindo, compreender o comportamento do consumidor em 2024 é crucial para o sucesso do marketing digital. Ao combinar a análise de dados quantitativos e qualitativos, as empresas podem obter uma compreensão mais profunda dos seus clientes, permitindo-lhes criar estratégias de marketing mais direcionadas, personalizadas e eficazes. Essa abordagem centrada no cliente é essencial para construir relacionamentos duradouros e permanecer competitivo em um mercado em constante mudança.

4.2.3 Ferramentas e técnicas

Em 2024, uma ampla gama de ferramentas e técnicas são utilizadas para realizar análises preditivas e comportamentais em marketing digital. Essas ferramentas e técnicas permitem que as empresas coletem, analisem e interpretem dados de maneira eficaz para compreender e antecipar o comportamento do consumidor.

Ferramentas avançadas de análise de dados estão no centro da análise preditiva e comportamental. Plataformas como Google Analytics, Adobe Analytics e outras ferramentas especializadas fornecem insights detalhados sobre o comportamento do usuário online. Essas ferramentas permitem rastrear as jornadas dos usuários em sites, analisar taxas de conversão, medir o envolvimento em diferentes páginas e compreender os padrões de navegação. Eles também oferecem recursos avançados de segmentação, permitindo que as empresas atinjam grupos específicos de clientes com base em seu comportamento.

A inteligência artificial (IA) e o aprendizado de

máquina também são componentes essenciais da análise preditiva. Essas tecnologias permitem que as empresas processem grandes quantidades de dados e identifiquem padrões complexos que seriam difíceis de detectar manualmente. Por exemplo, algoritmos de aprendizado de máquina podem prever comportamentos futuros dos clientes, como probabilidades de compra ou abandono, com base em dados históricos.

As ferramentas de gerenciamento de relacionamento com o cliente (CRM) desempenham um papel crucial na análise comportamental. Esses sistemas ajudam as empresas a coletar e gerenciar informações detalhadas sobre seus clientes, incluindo interações anteriores, preferências e históricos de compras. Ao integrar dados de CRM com ferramentas analíticas, as empresas podem obter uma visão de 360 graus de seus clientes, o que é essencial para uma personalização eficaz.

As plataformas de mídia social e as ferramentas de análise de mídia social também fornecem dados valiosos para análise comportamental. Essas ferramentas permitem que as empresas monitorem menções à marca, analisem o sentimento do usuário e acompanhem tendências nas redes sociais. Esses insights ajudam as empresas a compreender as atitudes e percepções dos consumidores em relação à sua marca e produtos.

Finalmente, técnicas de visualização de dados

são utilizadas para apresentar os resultados da análise de uma forma compreensível e acionável. Ferramentas como Tableau, Qlik ou Microsoft Power BI permitem que as empresas criem painéis interativos e relatórios visuais, facilitando a interpretação de dados e a tomada de decisões baseadas em dados.

Concluindo, as ferramentas e técnicas de análise preditiva e comportamental em 2024 são variadas e sofisticadas, desde análise de dados e ferramentas de CRM até IA e aprendizagem automática, ferramentas de redes sociais e visualização de dados. O uso eficaz dessas ferramentas permite que as empresas entendam profundamente seus clientes, prevejam tendências futuras e criem estratégias de marketing mais direcionadas e personalizadas.

4.2.4 Estudos de caso

Em 2024, vários estudos de caso ilustram o impacto significativo da análise preditiva e comportamental no marketing digital, demonstrando como diferentes empresas têm utilizado estas abordagens para melhorar a sua compreensão dos consumidores e otimizar as suas estratégias de marketing.

Um exemplo notável é uma grande empresa de comércio eletrônico que usou análises preditivas para personalizar recomendações de produtos para seus clientes. Ao analisar dados históricos de compras, preferências de navegação e interações dos usuários com os produtos, a empresa conseguiu criar algoritmos de aprendizado de máquina para prever quais produtos seriam mais interessantes para cada cliente. Esta abordagem personalizada não só aumentou as taxas de conversão, mas também melhorou a experiência de compra dos clientes, fortalecendo assim a fidelidade à marca.

No setor de serviços financeiros, um banco implementou técnicas de análise comportamental para detectar e prevenir fraudes. Ao analisar os padrões de transações e comportamentos de navegação dos clientes, o banco conseguiu identificar atividades suspeitas que se desviavam dos comportamentos normais dos clientes. Esta detecção proativa de fraudes ajudou o banco a proteger seus clientes e a reduzir perdas financeiras devido a atividades fraudulentas.

Outro estudo de caso envolve uma empresa de telecomunicações que utilizou análise preditiva para reduzir a rotatividade. Ao analisar os dados dos clientes, como utilização do serviço, interações de atendimento ao cliente e motivos de reclamações, a empresa conseguiu identificar clientes em risco de rotatividade. Ao direcionar esses clientes com ofertas personalizadas e intervenções proativas, a empresa conseguiu melhorar a satisfação do cliente e reduzir significativamente a taxa de rotatividade.

Na área da saúde, uma empresa farmacêutica

utilizou análise comportamental para otimizar as suas campanhas de sensibilização. Ao analisar dados sobre hábitos de pesquisa online e interações nas redes sociais, a empresa conseguiu identificar grupos de pacientes com maior probabilidade de estar interessados nos seus medicamentos. As campanhas direcionadas não só melhoraram a eficácia dos esforços de marketing, mas também ajudaram os pacientes a aceder mais rapidamente às informações e aos tratamentos de que necessitavam.

Por fim, uma empresa de entretenimento utilizou análise preditiva para otimizar sua programação de conteúdo. Ao analisar dados de visualização, preferências dos utilizadores e tendências de mercado, a empresa conseguiu prever quais os géneros de conteúdo que seriam mais populares e planear a sua programação em conformidade. Esta estratégia baseada em dados permitiu à empresa atrair e reter um público mais vasto, aumentando assim o seu sucesso e rentabilidade.

Esses estudos de caso mostram como a análise preditiva e comportamental pode ser aplicada em vários setores para melhorar a compreensão do consumidor, otimizar estratégias de marketing e melhorar os resultados de negócios. Ao aproveitar o poder dos dados, as empresas podem tomar decisões mais informadas, proporcionar experiências personalizadas aos clientes e permanecer competitivas num ambiente de negócios em constante mudança.

4.3 Ferramentas de Análise e Interpretação de Dados

4.3.1 Visão geral das ferramentas de análise

Em 2024, a gama de ferramentas de análise e interpretação de dados disponíveis para o marketing digital é mais ampla e sofisticada do que nunca. Essas ferramentas desempenham um papel crucial para ajudar as empresas a transformar as grandes quantidades de dados coletados em insights estratégicos e acionáveis. Eles variam em complexidade e funcionalidade, desde soluções básicas de análise de dados até plataformas avançadas que integram inteligência artificial e aprendizado de máquina.

Ferramentas de análise da web, como o Google Analytics, continuam essenciais para monitorar e analisar o tráfego da web. Eles fornecem informações detalhadas sobre o comportamento do usuário em sites, incluindo páginas visitadas, duração da sessão, taxas de rejeição e caminhos de conversão. Essas ferramentas são essenciais para entender como os usuários interagem com um site e para identificar oportunidades de otimização para melhorar a experiência do usuário e aumentar as conversões.

Para análise de mídia social, ferramentas

como Hootsuite, Sprout Social e Buffer oferecem funcionalidade para rastrear e analisar desempenho em várias plataformas de mídia social. Essas ferramentas permitem que as empresas monitorem menções à marca, analisem o envolvimento do usuário, acompanhem o crescimento de seguidores e meçam a eficácia das campanhas de mídia social. Eles são cruciais para ajustar estratégias de conteúdo e engajamento nas redes sociais.

Plataformas avançadas de análise de dados, como Tableau, Qlik e Microsoft Power BI, permitem visualização e análise de dados mais profundas. Essas ferramentas fornecem recursos poderosos de visualização de dados, permitindo que as empresas criem painéis interativos e relatórios personalizados. Eles são particularmente úteis para análises multidimensionais e para obter insights de grandes quantidades de dados.

A integração da inteligência artificial e da aprendizagem automática em ferramentas analíticas também abriu novas possibilidades. Plataformas como IBM Watson e Salesforce Einstein fornecem análises preditivas e recursos de processamento de linguagem natural, permitindo que as empresas prevejam tendências futuras, analisem o sentimento do cliente e automatizem tarefas analíticas complexas. Essas ferramentas são particularmente valiosas para empresas que buscam aproveitar o potencial do Big Data e obter insights mais profundos e diferenciados.

Por fim, as ferramentas de gerenciamento de relacionamento com o cliente (CRM) com recursos analíticos, como Salesforce ou HubSpot, permitem que as empresas combinem dados de vendas, marketing e atendimento ao cliente para obter uma visão abrangente das interações com os clientes. Esses sistemas ajudam a rastrear a jornada do cliente, segmentá-los e personalizar as interações, desempenhando um papel fundamental na melhoria da experiência do cliente e no aumento da fidelidade à marca.

Concluindo, a visão geral das ferramentas analíticas em 2024 mostra um cenário rico e diversificado, proporcionando às empresas uma infinidade de opções para análise e interpretação de dados. A seleção e a utilização eficaz destas ferramentas são essenciais para as empresas que procuram tirar o máximo partido dos seus dados e tomar decisões de marketing informadas num ambiente de negócios em constante mudança.

4.3.2 Interpretação dos dados

Em 2024, a interpretação de dados em marketing digital tornou-se uma habilidade essencial, permitindo às empresas transformar grandes volumes de dados brutos em insights estratégicos e acionáveis. A interpretação dos dados vai além da simples coleta e análise; envolve compreender o contexto, inferir significados e tirar conclusões relevantes que podem orientar as decisões de marketing.

A interpretação eficaz dos dados começa com uma compreensão clara dos objetivos de negócios e marketing. Antes de mergulhar na análise, é fundamental definir o que a empresa busca compreender ou alcançar. Isso pode incluir a identificação de novos segmentos de mercado, a melhoria da experiência do cliente, o aumento das taxas de conversão ou a compreensão dos motivos da queda nas vendas. Ter objetivos claros ajuda a orientar a análise e a garantir que os insights obtidos sejam relevantes e úteis.

Definidos os objetivos, o próximo passo é analisar os dados tendo em conta o contexto específico da empresa e do mercado. Isto envolve olhar além dos números e compreender os fatores subjacentes que podem influenciar os resultados. Por exemplo, um declínio nas vendas numa região específica pode ser devido a factores externos, tais como mudanças económicas ou tendências competitivas, e não a questões internas.

A interpretação dos dados também requer uma abordagem crítica e analítica. As empresas devem ser capazes de distinguir correlação de causalidade e estar cientes de potenciais distorções nos dados. Por exemplo, um aumento no tráfego do website não significa necessariamente um aumento no interesse pelo produto; também pode ser o resultado de fatores sazonais ou de campanhas de marketing recentes.

Usar visualizações de dados é uma ferramenta poderosa na interpretação de dados. Gráficos, painéis e mapas de calor podem ajudar a apresentar dados de uma forma que tendências, padrões e anomalias sejam facilmente identificáveis. A visualização eficaz torna os dados mais acessíveis e compreensíveis, facilitando a tomada de decisões baseada em dados.

Finalmente, a interpretação dos dados deve traduzir-se em ações concretas. Os insights obtidos a partir dos dados devem ser usados para informar estratégias de marketing, para fazer alterações em produtos ou serviços ou para melhorar processos de negócios. Por exemplo, se a análise revelar que determinados produtos são particularmente populares junto de um segmento de clientes, a empresa pode optar por concentrar os seus esforços de marketing nesse segmento ou expandir a sua linha de produtos nessa categoria.

Concluindo, a interpretação dos dados em 2024 é um processo complexo que requer uma compreensão clara dos objetivos, análise contextual, pensamento crítico, visualização eficaz dos dados e tradução de insights em ações. As empresas que dominam a arte da interpretação de dados estão mais bem equipadas para navegar no cenário dinâmico do marketing digital, satisfazer eficazmente as necessidades dos seus clientes e permanecer competitivas num ambiente de negócios em constante mudança.

4.3.3 Visualização de dados

Em 2024, a visualização de dados tornou-se uma parte crucial do marketing digital, desempenhando um papel vital na forma como as empresas compreendem e comunicam os insights das suas análises. A visualização de dados transforma conjuntos complexos de dados em representações gráficas claras e compreensíveis, facilitando a interpretação e a tomada de decisões.

A visualização de dados ajuda a apresentar informações complexas de forma intuitiva e envolvente. Gráficos, tabelas, mapas de calor e infográficos transformam números brutos em recursos visuais de fácil digestão. Por exemplo, um painel interativo pode exibir o desempenho de uma campanha de marketing através de uma série de gráficos, permitindo que os profissionais de marketing avaliem rapidamente quais aspectos da campanha estão funcionando bem e quais requerem ajustes.

Um dos principais benefícios da visualização de dados é a capacidade de revelar tendências e padrões que podem passar despercebidos em tabelas de dados brutos. Por exemplo, uma visualização pode destacar tendências sazonais nos comportamentos de compra do consumidor ou mostrar correlações entre determinadas atividades de marketing e picos nas vendas. Esses insights podem ajudar as empresas a otimizar suas estratégias de marketing e direcionar seus esforços de forma mais eficaz.

A visualização de dados também é essencial para comunicar insights complexos às partes interessadas que podem não ter experiência em análise de dados. Visuais claros e atraentes podem tornar os dados mais acessíveis para equipes multifuncionais, gerenciamento ou até mesmo clientes externos. Ao apresentar os dados de uma forma compreensível, as empresas podem facilitar discussões mais produtivas e tomadas de decisão informadas.

Ferramentas modernas de visualização de dados oferecem flexibilidade e interatividade consideráveis. Plataformas como Tableau, Microsoft Power BI e Qlik Sense permitem aos usuários criar visualizações personalizadas adaptadas às suas necessidades específicas. Essas ferramentas oferecem recursos como filtragem interativa, análise em tempo real e capacidade de explorar dados em diferentes níveis de granularidade.

Além disso, a visualização de dados desempenha um papel importante na detecção de anomalias e problemas potenciais. Ao visualizar os dados, as empresas podem identificar rapidamente desvios das tendências normais, o que pode ser um sinal de problemas subjacentes nas estratégias de marketing ou nas operações comerciais. Esta detecção precoce permite que as empresas tomem medidas corretivas antes que estes problemas se tornem mais graves.

Concluindo, a visualização de dados em 2024 é um aspecto indispensável da análise de dados em marketing digital. Ele não apenas simplifica e esclarece a interpretação dos dados, mas também comunica com eficácia insights complexos, revela tendências e padrões importantes e facilita a tomada de decisões baseada em dados. Num mundo onde os dados são cada vez mais abundantes e complexos, a visualização eficaz dos dados é essencial para transformar insights em ações estratégicas.

4.3.4 Integração de insights na estratégia

Em 2024, a integração de insights da análise de dados na estratégia de marketing tornou-se uma prática essencial para as empresas que procuram permanecer competitivas num ambiente digital em constante mudança. Esta integração permite que as empresas tomem decisões informadas, otimizem as suas campanhas e respondam de forma mais eficaz às necessidades e expectativas dos consumidores.

A integração de insights na estratégia de marketing começa com uma compreensão profunda dos dados coletados e analisados. Os insights podem revelar informações sobre as preferências do consumidor, a eficácia do canal de marketing, as tendências do mercado e os comportamentos de compra. Para que estes insights sejam úteis, devem ser relevantes, confiáveis e acionáveis. Isso envolve não apenas ter ferramentas avançadas de análise, mas também uma equipe capaz de interpretar corretamente os dados.

Uma vez obtidos os insights, o próximo passo é integrá-los ao planejamento e execução das estratégias de marketing. Isto pode envolver o ajuste de campanhas publicitárias, a personalização de ofertas para diferentes segmentos de clientes ou a modificação de produtos e serviços para melhor atender às necessidades do mercado. Por exemplo, se os dados revelarem uma elevada procura por um determinado tipo de produto, a empresa pode aumentar a produção desse produto ou desenvolver variantes adicionais.

A integração de insights na estratégia de marketing também requer uma abordagem flexível e ágil. O mercado e os comportamentos dos consumidores estão a mudar rapidamente e as empresas devem estar preparadas para ajustar as suas estratégias com base em novas informações. Isso pode envolver testar diferentes abordagens, medir resultados e fazer ajustes rápidos para otimizar o desempenho.

A colaboração multifuncional é essencial para integrar efetivamente os insights na estratégia de marketing. As equipes de marketing, vendas, produtos e atendimento ao cliente devem trabalhar juntas para garantir que os insights sejam compartilhados e usados de forma consistente em toda a organização. Essa colaboração garante que todas as decisões sejam tomadas tendo em mente uma visão completa do cliente e do mercado.

Finalmente, a integração de insights na estratégia de marketing deve ser um processo contínuo. As empresas devem estabelecer mecanismos para monitorizar continuamente o desempenho, recolher novos dados e ajustar as suas estratégias em conformidade. Isso envolve não apenas acompanhar KPIs e métricas de desempenho, mas também ficar atento às mudanças nas preferências dos consumidores e na dinâmica do mercado.

Concluindo, a integração de insights da análise de dados na estratégia de marketing em 2024 é um aspecto crucial para o sucesso do negócio. Ao utilizar dados para informar decisões, permanecendo flexíveis e responsivos e promovendo a colaboração multifuncional, as empresas podem criar estratégias de marketing mais direcionadas, personalizadas e eficazes, fortalecendo a sua posição no mercado e melhorando a experiência do cliente.

CONCLUSÃO

"Reavaliar constantemente suas crenças é essencial para a inovação."

Elon Musk

Resumo das principais tendências

Concluindo, o ano de 2024 será marcado por diversas tendências importantes na área do marketing digital, refletindo a rápida evolução das tecnologias e dos comportamentos dos consumidores. Essas tendências moldaram a maneira como as empresas abordam o marketing e interagem com seu público.

Em primeiro lugar, a crescente importância do Big Data no marketing digital é inegável. As empresas adotaram estratégias sofisticadas para coletar, analisar e utilizar grandes quantidades de dados para melhor compreender e atender às necessidades de seus clientes. A análise destes dados permitiu uma maior personalização das campanhas de marketing, uma segmentação de mercado mais precisa e uma melhor compreensão da jornada do cliente.

Em segundo lugar, a análise preditiva e comportamental assumiu o centro das atenções, permitindo às empresas não só compreender as ações passadas e presentes dos consumidores, mas também prever tendências futuras. Esta abordagem permitiu que as empresas fossem mais proativas nas suas estratégias de marketing, antecipando as necessidades dos clientes e adaptando as suas ofertas em conformidade.

A tecnologia Blockchain também surgiu como uma ferramenta poderosa para aumentar a transparência e a segurança no marketing digital. A sua aplicação na rastreabilidade de produtos, gestão de programas de fidelização e publicidade digital ajudou a construir a confiança do consumidor e a melhorar a eficácia das campanhas de marketing.

Além disso, a integração das tecnologias de realidade aumentada (AR) e realidade virtual (VR) abriu novos caminhos para a criação de experiências imersivas e interativas para os clientes. Estas tecnologias permitiram que as marcas se destacassem, proporcionando experiências únicas e memoráveis, fortalecendo assim o envolvimento e a fidelização dos clientes.

O uso de ferramentas de análise e visualização de dados desempenhou um papel crucial na interpretação e comunicação de insights.

Essas ferramentas permitiram que as empresas transformassem dados complexos em insights compreensíveis e acionáveis, facilitando a tomada de decisões baseada em dados.

Por fim, integrar insights na estratégia de marketing tem sido essencial para o sucesso do negócio. Ao usar dados para informar decisões, as empresas conseguiram criar estratégias de marketing mais direcionadas, personalizadas e eficazes.

Estas principais tendências de 2024 demonstram a crescente importância da análise de dados, tecnologia e personalização no marketing digital. As empresas que adotaram e integraram estas tendências nas suas estratégias de marketing não só melhoraram o relacionamento com os clientes, como também reforçaram a sua posição num mercado cada vez mais competitivo.

Dicas para se manter atualizado

Para se manterem atualizados no campo em constante mudança do marketing digital em 2024, é essencial que profissionais e empresas sigam uma abordagem proativa e informada. Aqui estão algumas dicas importantes para permanecer na vanguarda deste setor dinâmico.

Em primeiro lugar, a educação continuada é crucial. O cenário do marketing digital está evoluindo rapidamente com a introdução de novas tecnologias e estratégias. Os profissionais devem, portanto, envolver-se na aprendizagem contínua para se manterem informados sobre as últimas tendências, ferramentas e melhores práticas. Isso pode envolver a participação em webinars, conferências, workshops ou cursos online sobre temas relevantes, como análise de dados, inteligência artificial em marketing ou as últimas tendências em mídias sociais.

Em segundo lugar, é importante praticar uma monitorização activa tecnológica e de mercado. Isso significa acompanhar publicações do setor, blogs, podcasts e influenciadores que compartilham insights sobre os últimos desenvolvimentos em marketing digital. A assinatura de boletins informativos relevantes, o acompanhamento de líderes inovadores nas redes sociais e a participação em grupos profissionais online podem fornecer informações valiosas e perspectivas atualizadas.

A colaboração e o networking também desempenham um papel importante. A ligação com pares, especialistas da indústria e profissionais de outros setores pode oferecer novas ideias e perspetivas. A participação em eventos do setor, fóruns online e grupos de discussão pode ajudar a manter-se conectado com as tendências atuais e compartilhar experiências e conhecimentos.

Experimentar novas tecnologias e estratégias também é essencial. As empresas devem estar dispostas a testar e implementar novas abordagens em suas estratégias de marketing. Isso pode envolver a experimentação de campanhas de realidade aumentada, a adoção de ferramentas de análise preditiva ou a exploração de novos canais de mídia social. A experimentação permite não só perceber o que funciona melhor, mas também inovar e destacar-se num mercado competitivo.

Finalmente, é crucial permanecer centrado no cliente. Apesar da rápida evolução das tecnologias e ferramentas, o principal objetivo do marketing digital continua a ser satisfazer as necessidades e expectativas dos clientes. As empresas devem, portanto, continuar a ouvir os seus clientes, recolher feedback e adaptar as suas estratégias para proporcionar experiências excepcionais aos clientes.

Em resumo, para se manter atualizado em marketing digital em 2024, é essencial engajar-se na aprendizagem contínua, praticar o monitoramento ativo, colaborar e interagir com profissionais do setor, experimentar novas tecnologias e estratégias e permanecer centrado no cliente. Ao adoptar estas abordagens, os profissionais e as empresas podem não só acompanhar as rápidas mudanças, mas também tirar partido das oportunidades emergentes neste campo dinâmico.

Visão futura do marketing digital

À medida que imaginamos o futuro do

marketing digital para além de 2024, várias tendências e desenvolvimentos prometem moldar significativamente o panorama desta indústria. A convergência contínua de tecnologia, dados e criatividade tem o potencial de criar novas oportunidades e desafios para os profissionais de marketing.

Uma das tendências mais significativas é o aumento contínuo da inteligência artificial (IA) e do aprendizado de máquina. Espera-se que essas tecnologias se tornem ainda mais sofisticadas, possibilitando ainda maior personalização e automação nas campanhas de marketing. A IA poderia ajudar a criar experiências hiperpersonalizadas para o cliente, onde as mensagens e ofertas são adaptadas em tempo real com base no comportamento e nas preferências de cada indivíduo. Além disso, a IA pode desempenhar um papel crucial na análise preditiva, ajudando as empresas a antecipar as necessidades dos clientes antes mesmo de elas surgirem.

Espera-se também que a realidade aumentada (AR) e a realidade virtual (VR) continuem a transformar a experiência do cliente. Estas tecnologias poderão tornar-se ferramentas convencionais para o envolvimento do consumidor, proporcionando experiências imersivas e interativas que vão além dos ecrãs tradicionais. As marcas poderiam usar AR e VR para oferecer experiências de compras virtuais, demonstrações interativas de produtos ou até mesmo para criar mundos de marcas totalmente imersivos.

A privacidade e a ética dos dados continuarão a ser as principais áreas de preocupação. Com o aumento da recolha de dados, as empresas terão de navegar num cenário regulamentar em constante mudança, mantendo ao mesmo tempo a confiança do consumidor. As marcas que conseguirem equilibrar inovação com responsabilidade pelos dados conquistarão a confiança e a fidelidade dos seus clientes.

O futuro do marketing digital também verá uma integração mais profunda entre canais online e offline. O marketing omnicanal, que proporciona uma experiência perfeita e consistente ao cliente em todos os canais, se tornará a norma. As empresas usarão dados integrados para oferecer experiências perfeitas, quer os clientes interajam on-line, por meio de aplicativos móveis ou na loja.

Por último, a inovação contínua nos canais de comunicação e nas plataformas de redes sociais abrirá novos caminhos para o envolvimento do consumidor. Podem surgir novas plataformas, oferecendo formas únicas e inovadoras de ligar as marcas aos seus públicos. As empresas precisarão permanecer ágeis e prontas para explorar esses novos canais para permanecerem relevantes para seus públicos.

Em resumo, a visão futura do marketing digital é caracterizada pela rápida inovação tecnológica, maior personalização, atenção renovada à privacidade e à ética, integração omnicanal e surgimento de novos canais de comunicação. As empresas que abraçam estes desenvolvimentos e adaptam as suas estratégias em conformidade estarão bem posicionadas para ter sucesso neste cenário dinâmico e em constante mudança.

ANEXOS

Glossário de termos técnicos

No campo em constante mudança do marketing digital, é essencial estar familiarizado com o jargão técnico. Aqui está um glossário de termos técnicos frequentemente usados em marketing digital em 2024:

1. **Big Data** : Uma coleção de dados extremamente grandes e complexos que não podem ser processados de forma eficaz com métodos tradicionais de processamento de dados. Big Data é crucial para analisar tendências e comportamentos em marketing digital.

2. **Blockchain** : tecnologia de contabilidade distribuída que permite que os dados sejam armazenados de forma segura e transparente. Em marketing, é utilizado para rastreabilidade de produtos, gerenciamento de programas de fidelidade e publicidade digital.

3. **Chatbot** : Um programa de computador

que utiliza IA para simular uma conversa com usuários humanos, frequentemente utilizado em atendimento ao cliente e interações automatizadas em sites e aplicativos.

4. **Marketing de Conteúdo** : Estratégia de marketing focada na criação e distribuição de conteúdo relevante e valioso para atrair e engajar um público-alvo.

5. **Otimização da taxa de conversão (CRO)** : O processo de otimização de sites e páginas de destino para aumentar a porcentagem de visitantes que realizam a ação desejada.

6. **Customer Relationship Management (CRM)** : Sistema utilizado para gerenciar interações e relacionamentos com clientes, centralizando informações de clientes, vendas e serviços.

7. **Mineração de dados** : O processo de análise de grandes quantidades de dados para descobrir padrões e relacionamentos ocultos.

8. **Inbound Marketing** : Abordagem de marketing que visa atrair clientes através da criação de conteúdos úteis e experiências personalizadas.

9. **Aprendizado de Máquina** : Um ramo

da inteligência artificial que permite que os sistemas aprendam e melhorem com a experiência sem serem explicitamente programados.

10. **Publicidade programática** : utilização de software automatizado para comprar e otimizar posicionamentos publicitários em tempo real.

11. **Search Engine Optimization (SEO)** : O processo de otimização de um site para melhorar sua classificação nos resultados de pesquisas.

12. **Marketing de mídia social** : uso de plataformas de mídia social para promover um produto ou serviço.

13. **Experiência do usuário (UX)** : Todas as interações e experiências que um usuário tem com um produto ou serviço digital.

14. **Realidade Virtual (VR)** : Tecnologia que cria um ambiente simulado, permitindo aos usuários mergulhar e interagir em um mundo virtual.

15. **Web Analytics** : Processo de coleta, análise e relatório de dados de tráfego da web para compreender e otimizar o uso da web.

Este glossário fornece uma base para a compreensão de termos técnicos comumente usados em marketing digital, permitindo que profissionais e estudantes naveguem melhor neste campo complexo e em constante mudança.

Estudos de caso aprofundados

1. Revolução do comércio eletrônico na Luxomoda: integração de IA para uma experiência personalizada do cliente

Contexto: A Luxomoda, marca de luxo, enfrentava um mercado cada vez mais competitivo e altas expectativas dos clientes em relação à personalização. Para se manter competitiva e melhorar a experiência do cliente, a Luxomoda decidiu integrar a inteligência artificial (IA) na sua plataforma de e-commerce.

Objetivo: O principal objetivo da Luxomoda era criar uma experiência de compra online altamente personalizada para cada cliente, utilizando IA para analisar os dados dos clientes e fornecer recomendações de produtos personalizadas, sugestões de estilo e um melhor atendimento ao cliente.

Implementação: Luxomoda colaborou com uma empresa líder em tecnologia para integrar algoritmos avançados de IA em seu site e aplicativo móvel. Esses algoritmos foram projetados para aprender sobre os comportamentos de compra, preferências e interações dos clientes com o site.

1. **Recomendações personalizadas:** a IA analisou históricos de compras, cliques em sites e preferências de estilo para recomendar produtos específicos para cada cliente. Isso incluía sugestões para finalizar uma compra ou descobrir novos itens que se adequassem ao estilo do cliente.

2. **Assistente de estilo virtual:** A Luxomoda introduziu um chatbot com tecnologia de IA, que atua como um assistente de estilo pessoal, oferecendo conselhos de moda e respondendo às perguntas dos clientes em tempo real.

3. **Análise Preditiva:** A IA também tem sido usada para prever tendências da moda e preferências dos clientes, permitindo à Luxomoda estocar itens que provavelmente serão um grande sucesso.

Resultados: A integração da IA transformou a experiência de compra na Luxomoda:

- **Aumento de vendas:** recomendações personalizadas levaram a um aumento significativo nas taxas de conversão e no valor médio do pedido.

- **Melhor envolvimento do cliente:** O assistente de estilo virtual melhorou o envolvimento do cliente, proporcionando uma experiência de compra interativa e personalizada.

- **Gestão de estoque otimizada:** A análise preditiva permitiu à Luxomoda gerenciar melhor seu estoque, reduzindo excedentes e rupturas de estoque.

- **Aumento da satisfação do cliente:** O feedback do cliente tem sido extremamente positivo, com um aumento notável na satisfação do cliente e na fidelidade à marca.

Conclusão: O estudo de caso da Luxomoda demonstra o poderoso impacto da IA na personalização da experiência de compra online. Ao adotar tecnologias inovadoras, a Luxomoda não só melhorou o seu desempenho empresarial, mas também estabeleceu um novo padrão na experiência do cliente para o setor de luxo.

2. Estratégia omnicanal da Biotec Pharma: usando ciência de dados para transformar a jornada do cliente no setor farmacêutico

Contexto: A Biotec Pharma, empresa líder no setor farmacêutico, identificou a necessidade de melhorar a experiência dos seus clientes através da integração de uma estratégia omnicanal. Diante de um mercado cada vez mais digitalizado e de clientes que buscam interações fluidas e personalizadas, a Biotec Pharma decidiu usar a ciência de dados para transformar a jornada do cliente.

Objetivo: O objetivo da Biotec Pharma era criar uma experiência consistente e personalizada para o cliente em todos os canais – online, móvel e na loja – usando dados para compreender e antecipar as necessidades do cliente.

Implementação: Para atingir este objetivo, a Biotec Pharma implementou várias iniciativas importantes:

1. **Integração de dados:** A Biotec Pharma consolidou dados de clientes de diversas fontes, incluindo interações online, compras na loja e respostas a campanhas de marketing. O objetivo era criar uma visão de 360 graus de cada cliente.

2. **Análise Preditiva:** Utilizando técnicas avançadas de ciência de dados, a empresa analisou esses dados para identificar padrões comportamentais, prever as necessidades dos clientes e personalizar as interações.

3. **Personalização Omnicanal:** Com base nessas análises, a Biotec Pharma personalizou a experiência do cliente em todos os canais. Isso incluiu recomendações personalizadas de produtos no site, notificações móveis relevantes e atendimento personalizado ao cliente na loja.

4. **Plataforma de gerenciamento de relacionamento com o cliente (CRM):** Uma plataforma avançada de CRM foi implementada para gerenciar as interações com os clientes de maneira consistente e integrada em todos os canais.

Resultados: A estratégia omnicanal da Biotec Pharma levou a vários resultados positivos:

- **Experiência do cliente aprimorada:** os clientes se beneficiaram de uma experiência mais tranquila e personalizada, aumentando sua satisfação e fidelidade à marca.

- **Aumento das vendas:** a personalização baseada em dados levou ao aumento das vendas, tanto online quanto na loja.

- **Melhor compreensão do cliente:** A análise de dados permitiu à Biotec Pharma compreender melhor as necessidades e preferências dos seus clientes, melhorando assim a tomada de decisões no desenvolvimento e marketing de produtos.

- **Eficiência Operacional:** A integração de dados entre canais melhorou a eficiência operacional, reduzindo a duplicação e otimizando os recursos de marketing.

Conclusão: O estudo de caso da Biotec Pharma ilustra a importância de uma estratégia omnicanal integrada no setor farmacêutico. Ao aproveitar o poder da ciência de dados, a Biotec Pharma não só melhorou a experiência do cliente, mas também fortaleceu a sua posição no mercado. Essa abordagem centrada em dados e que prioriza o cliente é um modelo para outras empresas que buscam transformar a jornada do cliente em um ambiente de negócios cada vez mais digitalizado.

3. Inovação em realidade aumentada no HomeSpace: redefinindo a experiência de compra de móveis online

Histórico: A HomeSpace, uma empresa de vendas de móveis online, reconheceu a oportunidade de melhorar a experiência de compra de seus clientes integrando realidade aumentada (AR) em seu processo de vendas. Diante da dificuldade dos clientes em visualizar os móveis em seu próprio espaço, a HomeSpace buscou utilizar a AR para oferecer uma solução inovadora.

Objetivo: O principal objetivo do HomeSpace era proporcionar uma experiência de compra imersiva e interativa que permitisse ao cliente visualizar os produtos em seu próprio ambiente antes de efetuar uma compra. O objetivo era reduzir a incerteza do cliente, aumentar a satisfação e reduzir devoluções de produtos.

Implementação: Para atingir este objetivo, o HomeSpace desenvolveu e integrou vários recursos importantes de AR:

1. **AR App:** HomeSpace lançou um aplicativo móvel que permite aos clientes visualizar virtualmente os móveis em seu espaço. Usando a câmera de seu smartphone ou tablet, os clientes poderiam colocar uma peça de mobiliário 3D em seu quarto e visualizá-la de diferentes ângulos e em diferentes locais.

2. **Personalização em tempo real:** O aplicativo também permitiu que os clientes personalizassem os produtos em tempo real, alterando cores, texturas e dimensões para ver como as diferentes opções caberiam em seu espaço.

3. **Integração de comércio eletrônico:** O aplicativo foi integrado ao site de comércio eletrônico da HomeSpace, permitindo que os clientes façam um pedido diretamente após visualizar um produto em AR.

4. **Guias e tutoriais:** o HomeSpace fornece guias e tutoriais para ajudar os clientes a usar o aplicativo AR, garantindo uma experiência de usuário tranquila.

Resultados: A introdução da AR no HomeSpace levou a vários resultados positivos:

- **Maior envolvimento do cliente:** A experiência imersiva aumentou o envolvimento do cliente, incentivando-os a explorar mais produtos e a passar mais tempo no aplicativo.

- **Devoluções reduzidas:** A capacidade de visualizar os produtos em seu próprio espaço reduziu a incerteza do cliente, levando a uma diminuição significativa nas devoluções.

- **Aumento das vendas:** A experiência de compra aprimorada levou ao aumento das vendas, à medida que os clientes se sentiam mais confiantes em suas escolhas de produtos.

- **Melhor satisfação do cliente:** O feedback positivo do cliente indicou uma melhoria significativa na satisfação do cliente, fortalecendo a fidelidade à marca.

Conclusão: O estudo de caso HomeSpace demonstra o impacto transformador da realidade aumentada na indústria de comércio eletrônico de móveis. Ao adotar esta tecnologia inovadora, a HomeSpace não só melhorou a experiência de compra online, mas também estabeleceu um novo padrão na indústria, mostrando como a AR pode ser usada para preencher a lacuna entre as experiências de compra online e na loja.

4. Campanha viral GreenEarth: usando mídias sociais para conscientização ambiental impactante

Antecedentes: GreenEarth, uma organização sem fins lucrativos dedicada à conscientização ambiental, reconheceu o potencial das mídias sociais para atingir um público amplo e envolver a comunidade em questões ambientais críticas. Face à emergência climática e à crescente indiferença pública, a GreenEarth lançou uma campanha viral nas redes sociais para aumentar a sensibilização e incitar à acção.

Objetivo: O objetivo do GreenEarth era criar uma campanha viral nas redes sociais que aumentasse a conscientização sobre a emergência ambiental, incentivasse o compartilhamento de conteúdo e inspirasse indivíduos e comunidades a tomar medidas concretas para proteger o meio ambiente.

Implementação: Para atingir este objetivo, o GreenEarth implementou várias iniciativas importantes:

1. **Conteúdo envolvente e educacional:** GreenEarth criou uma série de vídeos, infográficos e postagens de blog informativos e visualmente atraentes, destacando diversas questões ambientais e oferecendo soluções práticas.

2. **Hashtags e Desafios:** A organização lançou hashtags e desafios específicos da campanha nas redes sociais, incentivando os usuários a compartilharem suas próprias ações em prol do meio ambiente, criando um

movimento comunitário.

3. **Colaboração com influenciadores:** GreenEarth colaborou com influenciadores e celebridades comprometidas com causas ambientais para expandir o alcance da campanha e atingir um público mais amplo.

4. **Interatividade e engajamento:** A campanha foi projetada para ser altamente interativa, com enquetes, perguntas e respostas ao vivo e fóruns de discussão para envolver o público e incentivar a participação ativa.

Resultados: A campanha viral da GreenEarth teve um impacto significativo:

- **Amplo alcance:** A campanha alcançou milhões de pessoas em todo o mundo, superando em muito as expectativas iniciais em termos de alcance e engajamento.

- **Envolvimento comunitário:** Desafios e hashtags incentivaram a participação ativa, com milhares de pessoas compartilhando suas ações ambientais, criando uma comunidade online engajada.

- **Maior Consciencialização:** A campanha teve sucesso na sensibilização para questões ambientais importantes, com um número crescente de pessoas a discutir e a partilhar informações sobre estes tópicos.

- **Impacto Real:** Além da conscientização

online, a campanha levou a ações concretas, como iniciativas de limpeza comunitária, compromissos de redução de resíduos e doações para causas ambientais.

Conclusão: O estudo de caso GreenEarth ilustra o poder das mídias sociais para realizar campanhas impactantes de conscientização ambiental. Ao combinar conteúdo envolvente, utilização estratégica das redes sociais e colaboração com influenciadores, o GreenEarth não só aumentou a sensibilização para questões ambientais cruciais, mas também mobilizou uma comunidade global para agir. Esta campanha serve de modelo para outras organizações que procuram utilizar as redes sociais para obter um impacto social e ambiental positivo.

5. Transformação Digital BankSecure: Protegendo Transações Financeiras com Blockchain

Contexto: O BankSecure, um banco líder no setor financeiro, identificou uma necessidade crescente de reforçar a segurança e a transparência das suas transações financeiras face ao aumento de ataques cibernéticos e fraudes. Para responder a este desafio, o BankSecure decidiu adotar a tecnologia blockchain, reconhecida pela sua robustez em termos de segurança e rastreabilidade das transações.

Objetivo: O principal objetivo do BankSecure era integrar a blockchain na sua infraestrutura existente para proteger as transações financeiras, reduzir os riscos de fraude e melhorar a confiança dos clientes nos serviços bancários digitais.

Implementação: Para atingir este objetivo, o BankSecure implementou várias iniciativas importantes:

1. **Infraestrutura Blockchain:** O BankSecure desenvolveu uma infraestrutura blockchain customizada, adaptada às necessidades específicas do setor bancário. Esta infraestrutura permitiu registar todas as transações num livro distribuído, seguro e imutável.

2. **Integração de Sistemas:** O Blockchain foi integrado aos sistemas existentes do banco, incluindo plataformas de pagamento online e aplicativos móveis, para garantir uma transição tranquila e manter a continuidade dos serviços.

3. **Treinamento e Conscientização:** O BankSecure investiu em treinamento em blockchain para seus funcionários e realizou campanhas de conscientização para seus clientes, explicando os benefícios da nova tecnologia em termos de segurança e confiabilidade.

4. **Testes e conformidade:** Antes da implantação completa, a solução blockchain foi rigorosamente testada para garantir a conformidade com os regulamentos financeiros e a compatibilidade com os padrões de segurança bancária.

Resultados: A integração blockchain do BankSecure levou a vários resultados positivos:

- **Fortalecendo a Segurança:** O Blockchain fortaleceu significativamente a segurança das transações, reduzindo incidentes de fraude e erros de processamento.

- **Maior Transparência:** A rastreabilidade e imutabilidade das transações na blockchain melhoraram a transparência, fortalecendo a confiança dos clientes nos serviços do banco.

- **Eficiência Operacional:** O Blockchain simplificou e acelerou o processo de verificação de transações, melhorando a eficiência operacional do banco.

- **Conformidade regulatória:** A solução blockchain ajudou o BankSecure a cumprir com mais facilidade as regulamentações financeiras relativas a relatórios e auditoria.

Conclusão: O estudo de caso do BankSecure demonstra a eficácia do blockchain na transformação digital do setor bancário. Ao adoptar esta tecnologia, o BankSecure não só melhorou a segurança e a transparência das suas transacções, como também posicionou o banco como um líder inovador na adopção de soluções tecnológicas avançadas. Esta iniciativa serve de modelo para outras instituições financeiras que procuram aumentar a segurança e a confiança na era digital.

6. Aposta vencedora da SportsVirtu: envolvimento dos fãs com experiências imersivas de realidade virtual

Contexto: A SportsVirtu, empresa especializada em experiências esportivas virtuais, identificou uma oportunidade única para transformar o envolvimento dos torcedores no mundo dos esportes. Com a crescente popularidade da realidade virtual (VR), a SportsVirtu imaginou a criação de experiências imersivas para aproximar os torcedores de seus times e atletas favoritos de uma forma nunca antes vista.

Objetivo: O objetivo da SportsVirtu era desenvolver uma plataforma VR que oferecesse experiências esportivas imersivas e interativas, permitindo que os torcedores vivenciassem partidas e eventos esportivos como se estivessem lá, ao mesmo tempo em que oferecia recursos interativos e sociais exclusivos.

Implementação: Para atingir este objetivo ambicioso, a SportsVirtu lançou várias iniciativas importantes:

1. **Desenvolvimento da plataforma VR:** SportsVirtu desenvolveu uma plataforma VR avançada, permitindo aos usuários vivenciar as partidas em tempo real com uma visão de 360 graus de diferentes locais do estádio.

2. **Parcerias com equipes e ligas esportivas:** Para fornecer conteúdo autêntico e envolvente, a SportsVirtu fez parceria com diversas equipes e ligas esportivas, permitindo-lhes transmitir partidas ao vivo na plataforma.

3. **Recursos Interativos:** A plataforma ofereceu recursos interativos, como seleção de diferentes ângulos de visão, acesso a estatísticas em tempo real e opções de comunicação com outros fãs.

4. **Experiências imersivas fora dos jogos:** Além das partidas ao vivo, a SportsVirtu criou experiências imersivas fora dos jogos, como passeios virtuais pelos estádios, reuniões com atletas em RV e jogos interativos.

Resultados: A iniciativa SportsVirtu teve um impacto significativo no envolvimento dos fãs:

- **Aumento do envolvimento dos torcedores:** A plataforma atraiu um número crescente de torcedores, proporcionando uma experiência imersiva e interativa que fortaleceu sua conexão com seus times e atletas favoritos.

- **Novas receitas:** a plataforma abriu novas fontes de receita, incluindo assinaturas, publicidade no aplicativo e parcerias exclusivas com times e ligas.

- **Experiência aprimorada dos torcedores:** os torcedores se beneficiaram de uma experiência esportiva enriquecida, com opções de personalização e interação que não eram possíveis com os métodos tradicionais de visualização.

- **Reconhecimento da indústria:** SportsVirtu foi reconhecido como inovador no esporte, estabelecendo novos padrões para o envolvimento dos fãs na era digital.

Conclusão: O estudo de caso da SportsVirtu ilustra o potencial revolucionário da RV no envolvimento dos fãs de esportes. Ao aproveitar esta tecnologia, a SportsVirtu não só melhorou a experiência dos torcedores, mas também abriu caminho para novas oportunidades de negócios e uma nova era de interação entre os torcedores e o mundo esportivo.

7. Estratégia de conteúdo HealthFirst: educação e envolvimento do cliente no setor de saúde

Contexto: A HealthFirst, uma empresa líder na

área da saúde, reconheceu a necessidade de melhorar a educação e o envolvimento dos clientes face a um público cada vez mais preocupado com a saúde e ávido por informações fiáveis. Para atender a esta crescente demanda, a HealthFirst decidiu implementar uma estratégia de conteúdo robusta e informativa.

Objetivo: O objetivo da HealthFirst era desenvolver e implementar uma estratégia de conteúdo que educasse os clientes sobre vários tópicos de saúde, promovesse comportamentos saudáveis e construísse engajamento e fidelidade à marca.

Implementação: Para atingir este objetivo, a HealthFirst lançou várias iniciativas importantes:

1. **Criação de conteúdo educacional:** A HealthFirst desenvolveu uma série de conteúdo educacional, incluindo postagens em blogs, vídeos, infográficos e podcasts, cobrindo uma ampla gama de tópicos de saúde, desde prevenção de doenças até nutrição e bem-estar.

2. **Plataforma Online e Aplicativo Móvel:** Este conteúdo foi facilmente acessível por meio de uma plataforma online dedicada e aplicativo móvel, permitindo que os clientes encontrem informações confiáveis e práticas a qualquer momento.

3. **Programas Interativos:** A HealthFirst introduziu programas interativos, como

desafios de bem-estar e webinars ao vivo com especialistas em saúde, para incentivar o envolvimento ativo do cliente.

4. **Personalização de conteúdo:** Usando dados de clientes, a HealthFirst personalizou recomendações de conteúdo para atender às necessidades e interesses específicos de cada usuário.

5. **Colaboração com especialistas:** Para garantir a precisão e confiabilidade do conteúdo, a HealthFirst colaborou com profissionais de saúde e especialistas do setor para criar e revisar todos os materiais educacionais.

Resultados: A estratégia de conteúdo da HealthFirst levou a vários resultados positivos:

- **Melhor envolvimento do cliente:** O conteúdo educacional e interativo aumentou significativamente o envolvimento do cliente, com um aumento notável no tempo gasto na plataforma e na interação com o conteúdo.

- **Fortalecendo a fidelidade à marca:** Ao fornecer informações confiáveis e úteis, a HealthFirst fortaleceu a confiança e a fidelidade do cliente em relação à marca.

- **Maior Conscientização sobre Saúde:** A estratégia contribuiu para uma maior conscientização e educação dos clientes sobre questões importantes de saúde, incentivando escolhas de estilo de vida mais saudáveis.

- **ROI positivo:** A estratégia de conteúdo também levou a um ROI positivo, com aumento de inscrições em programas de saúde e aumento do uso dos serviços HealthFirst.

Conclusão: O estudo de caso da HealthFirst demonstra a importância de uma estratégia de conteúdo educacional e envolvente no setor de saúde. Ao fornecer informações confiáveis e incentivar o envolvimento ativo, a HealthFirst não só melhorou a saúde e o bem-estar dos seus clientes, mas também fortaleceu a sua posição como uma marca confiável e líder em cuidados de saúde.

8. Campanha de marketing influenciadora FashionFlare: medindo o impacto e o ROI no luxo

Contexto: A FashionFlare, reconhecida marca de luxo, procurava reforçar a sua presença e imagem de marca num mercado altamente competitivo. Para atingir esse objetivo, a FashionFlare lançou uma campanha de marketing de influenciadores, em parceria com os principais influenciadores da moda para atingir um público mais amplo e engajado.

Objetivo: O principal objetivo do FashionFlare foi medir o impacto e o retorno sobre o investimento (ROI) da sua campanha de marketing influenciador, avaliando não só o aumento do conhecimento da marca, mas também a influência nas vendas e no envolvimento do cliente.

Implementação: Para realizar esta campanha, a FashionFlare adotou uma abordagem estratégica e mensurável:

1. **Seleção de influenciadores:** A FashionFlare selecionou cuidadosamente influenciadores cujo estilo e público correspondiam à imagem e aos valores da marca FashionFlare. Esta seleção incluiu influenciadores com grande número de seguidores e altas taxas de engajamento.

2. **Conteúdo de marca consistente:** os influenciadores criaram conteúdo personalizado que destacou os produtos da FashionFlare, mantendo-se fiéis ao seu estilo único. Isso incluiu postagens em mídias sociais, blogs e vídeos.

3. **Rastreamento e análise:** FashionFlare usou ferramentas analíticas avançadas para rastrear o desempenho de cada influenciador, incluindo engajamento, alcance e tráfego direcionado ao site da FashionFlare.

4. **Códigos promocionais e links de rastreamento:** códigos promocionais exclusivos e links de rastreamento foram fornecidos aos influenciadores

para medir diretamente as vendas e conversões resultantes da campanha.

5. **Feedback e interação:** FashionFlare incentivou influenciadores a interagir com seu público, coletando feedback valioso e construindo engajamento com a marca.

Resultados: A campanha de marketing de influenciadores da FashionFlare produziu resultados significativos:

- **Aumento do conhecimento da marca:** A campanha aumentou significativamente o conhecimento do FashionFlare, atraindo um novo público e fortalecendo a sua presença nas redes sociais.

- **Crescimento de vendas:** códigos promocionais e links de rastreamento mostraram um aumento notável nas vendas diretamente atribuíveis à campanha.

- **Aumento do Engajamento:** O conteúdo criado por influenciadores gerou alto engajamento, com interações significativas entre os consumidores e a marca.

- **ROI positivo:** A análise dos dados mostrou um retorno do investimento positivo, com os lucros gerados pela campanha excedendo em muito os custos iniciais.

Conclusão: O estudo de caso FashionFlare ilustra a eficácia do marketing influenciador no setor de luxo. Ao adotar uma abordagem estratégica e medir cuidadosamente o impacto da campanha, a FashionFlare não só melhorou o reconhecimento da sua marca, mas também gerou um envolvimento significativo do cliente e um crescimento de vendas. Esta campanha serve de modelo para outras marcas de luxo que buscam aproveitar o poder do marketing influenciador para alcançar novos patamares.

9. Iniciativa de marketing móvel QuickServe: reinventando o fast food com aplicações inovadoras

Histórico: A QuickServe, uma popular rede de fast food, tem visto uma mudança constante nos hábitos de consumo, com um aumento na demanda por opções de pedidos e entregas mais rápidas e convenientes. Para satisfazer estas expectativas, a QuickServe decidiu lançar uma iniciativa de mobile marketing, focada no desenvolvimento de aplicações móveis inovadoras.

Objetivo: O objetivo do QuickServe era criar uma experiência de usuário móvel aprimorada que facilitasse o pedido, a personalização de refeições e a entrega, ao mesmo tempo em que usava o aplicativo como uma ferramenta de marketing para fidelizar o cliente e aumentar as vendas.

Implementação: Para atingir este objetivo, QuickServe implementou várias estratégias principais:

1. **Desenvolvimento de um aplicativo móvel intuitivo:** QuickServe desenvolveu um aplicativo móvel fácil de usar, que oferece fácil navegação, pedidos rápidos e opções de personalização de refeições. O aplicativo também integrou um sistema de pagamento seguro para uma experiência de pedido descomplicada.

2. **Programa de Fidelidade Integrado:** O aplicativo incluía um programa de fidelidade, oferecendo recompensas e promoções personalizadas com base nas preferências e hábitos de pedido dos usuários.

3. **Recursos de realidade aumentada:** QuickServe inovou ao integrar recursos de realidade aumentada (AR) em seu aplicativo, permitindo que os clientes vejam as refeições antes de fazer o pedido e participem de jogos interativos para ganhar recompensas.

4. **Notificações push e marketing direcionado:** o aplicativo usava notificações push para informar os clientes sobre ofertas especiais, novos produtos e eventos locais, aumentando assim o envolvimento e as visitas repetidas.

5. **Análise de dados do usuário:** QuickServe coletou e analisou dados do usuário para entender as preferências do cliente e adaptar suas ofertas e marketing de acordo.

Resultados: A iniciativa de marketing móvel da QuickServe gerou vários resultados positivos:

- **Aumento de vendas:** O aplicativo gerou um aumento significativo nos pedidos on-line e nas vendas gerais, proporcionando uma experiência de pedido conveniente e rápida.

- **Maior envolvimento do cliente:** O programa de fidelidade e as notificações push aumentaram o envolvimento do cliente, levando ao aumento da frequência de pedidos e à fidelidade à marca.

- **Melhor experiência do cliente:** os recursos de AR e as opções de personalização melhoraram a experiência do cliente, tornando os pedidos mais interativos e agradáveis.

- **Informações valiosas do cliente:** a análise dos dados do usuário forneceu à QuickServe informações valiosas para otimizar seus menus, ofertas promocionais e estratégias de marketing.

Conclusão: O estudo de caso QuickServe demonstra o impacto significativo de um aplicativo móvel bem projetado na indústria de fast food. Ao combinar uma experiência de usuário intuitiva com estratégias inovadoras de marketing móvel, a QuickServe não apenas melhorou a experiência de pedidos de seus clientes, mas também observou um aumento notável no envolvimento do cliente e nas vendas. Esta iniciativa serve de modelo para outras empresas do setor que buscam aproveitar as tecnologias móveis para reinventar a experiência do cliente.

10. Projeto de fidelidade do cliente na AutoElite: usando programas de fidelidade baseados em blockchain para melhorar a retenção

Contexto: A AutoElite, um fabricante líder de automóveis, tem visto um declínio na fidelidade dos clientes em um mercado cada vez mais competitivo. Para reverter essa tendência, a AutoElite decidiu inovar lançando um programa de fidelidade baseado na tecnologia blockchain, visando oferecer uma experiência mais transparente, segura e gratificante ao cliente.

Objetivo: O objetivo da AutoElite era desenvolver um programa de fidelidade que não apenas recompensasse os clientes por sua fidelidade, mas também usasse os benefícios do blockchain para melhorar a segurança, a transparência e a personalização das recompensas.

Implementação: Para atingir este objetivo, a AutoElite implementou várias iniciativas importantes:

1. **Desenvolvimento de uma plataforma Blockchain:** A AutoElite desenvolveu uma plataforma de fidelidade baseada em blockchain, permitindo o registro seguro e transparente das transações e interações dos clientes.

2. **Sistema de Recompensas Inovador:** O programa oferecia recompensas na forma de tokens blockchain, que podiam ser trocados por serviços, acessórios ou até descontos em veículos. Esses tokens também poderiam ser acumulados ou trocados com outros membros do programa.

3. **Personalização de Ofertas:** Utilizando dados de clientes coletados por meio da plataforma, a AutoElite personalizou ofertas e recompensas com base nas preferências e comportamento de compra de cada cliente.

4. **Aplicativo Móvel Integrado:** Um aplicativo móvel foi desenvolvido para permitir que os clientes rastreiem facilmente seus tokens, descubram novas ofertas e gerenciem sua conta de fidelidade.

5. **Campanhas de conscientização e treinamento:** A AutoElite conduziu

campanhas para educar os clientes sobre os benefícios do blockchain e como usar o novo programa de fidelidade.

Resultados: A iniciativa de fidelização de clientes da AutoElite produziu resultados significativos:

- **Melhor fidelização do cliente:** O programa fortaleceu a fidelização do cliente, com um aumento notável na retenção e na frequência de compra.

- **Maior transparência e segurança:** O Blockchain melhorou a transparência e a segurança das transações de fidelidade, aumentando a confiança do cliente no programa.

- **Maior envolvimento do cliente:** O aplicativo móvel e as recompensas personalizadas aumentaram o envolvimento do cliente com a marca.

- **Retorno Positivo do Investimento:** O programa gerou um retorno positivo do investimento, com aumento nas vendas de veículos e serviços associados.

Conclusão: O estudo de caso da AutoElite ilustra como o uso inovador da tecnologia blockchain em programas de fidelidade pode transformar o envolvimento e a retenção do cliente na indústria automotiva. Ao fornecer uma experiência de fidelização mais segura, transparente e personalizada, a AutoElite não só melhorou a satisfação do cliente, mas também fortaleceu a sua posição no mercado como uma marca com visão de futuro e centrada no cliente.

11. Otimização de SEO da TravelWorld: estratégias avançadas para dominar o mercado de viagens online

Histórico: A TravelWorld, uma agência de viagens on-line, enfrentou uma concorrência acirrada em um mercado saturado. Para melhorar a sua visibilidade online e atrair mais clientes, a TravelWorld decidiu implementar estratégias avançadas de otimização de mecanismos de pesquisa (SEO).

Objetivo: O objetivo da TravelWorld era fortalecer a sua presença online, melhorar os seus rankings de pesquisa e atrair tráfego de qualidade para o seu site, concentrando-se em estratégias de SEO inovadoras e eficazes.

Implementação: Para atingir este objetivo, a TravelWorld adotou várias abordagens principais:

1. **Pesquisa aprofundada de palavras-chave:** A TravelWorld conduziu uma extensa pesquisa de palavras-chave para identificar os termos e frases mais relevantes e pesquisados na indústria de viagens. Isso incluía palavras-chave de cauda longa específicas para determinados destinos e tipos de viagem.

2. **Otimização de Conteúdo:** O conteúdo do site TravelWorld foi otimizado para incluir as palavras-chave identificadas, garantindo que o conteúdo permaneça informativo, envolvente e útil para os usuários. Guias de viagem, artigos de blog e descrições de destinos têm sido atualizados e ampliados regularmente.

3. **Experiência do usuário aprimorada:** TravelWorld melhorou a navegação do site, a velocidade de carregamento e a facilidade de uso em dispositivos móveis para fornecer uma melhor experiência do usuário, um fator chave na classificação de SEO.

4. **Estratégia de backlinking:** Foi implementada uma estratégia de backlinking, obtendo links de alta qualidade de sites reconhecidos na indústria de viagens e meios de comunicação relacionados.

5. **SEO local e internacional:** a TravelWorld otimizou seu site para SEO local e internacional, visando mercados específicos com conteúdo e palavras-chave adaptadas para cada região.

6. **Análise e Monitoramento:** Ferramentas de análise de SEO foram utilizadas para acompanhar o desempenho do

site, permitindo à TravelWorld ajustar sua estratégia com base nas tendências de mercado e no comportamento dos usuários.

Resultados: A otimização do TravelWorld SEO levou a vários resultados positivos:

- **Aumento do tráfego orgânico:** O site teve um aumento significativo no tráfego orgânico, atraindo mais visitantes interessados em viagens.

- **Classificações aprimoradas nos mecanismos de pesquisa:** a TravelWorld viu suas classificações melhorarem para muitas palavras-chave estratégicas, subindo ao topo dos resultados de pesquisa para vários termos-chave.

- **Maior envolvimento:** A melhor experiência do usuário e a qualidade do conteúdo aumentaram o envolvimento dos visitantes no site.

- **Aumento de conversão e vendas:** O aumento do tráfego qualificado levou ao aumento de reservas e vendas de viagens.

Conclusão: O estudo de caso da TravelWorld demonstra a importância de uma estratégia de SEO robusta e bem planejada na indústria de viagens online. Ao adoptar abordagens inovadoras e apostar na melhoria contínua, a TravelWorld não só melhorou a sua visibilidade online, mas também reforçou a sua posição no competitivo mercado de viagens, atraindo mais clientes e gerando aumento de receitas.

12. Campanha publicitária programática da Techtronics: automação e direcionamento preciso para impacto máximo

Contexto: A Techtronics, uma empresa líder em produtos eletrónicos de consumo, procurava maximizar o impacto das suas campanhas publicitárias num mercado digital concorrido. Para atingir esse objetivo, a Techtronics decidiu adotar a publicidade programática, um método de automatizar a compra e a colocação de anúncios para atingir públicos específicos de forma mais eficaz.

Objetivo: O objetivo da Techtronics era lançar uma campanha publicitária programática que não apenas alcançasse seu público-alvo com precisão, mas também otimizasse o retorno sobre o investimento (ROI) usando dados e algoritmos para tomar decisões de compra de espaço publicitário em tempo real.

Implementação: Para realizar esta campanha, a Techtronics implementou várias estratégias principais:

1. **Seleção de plataformas programáticas:** A Techtronics escolheu plataformas de publicidade programática conhecidas por

sua capacidade de atingir públicos de forma eficaz e fornecer análises detalhadas.

2. **Definição de público-alvo:** A empresa definiu seu público-alvo com base em dados demográficos, interesses, comportamentos de compra e hábitos de navegação online.

3. **Criação de Conteúdo Publicitário Personalizado:** Anúncios personalizados foram criados para repercutir no público-alvo, utilizando mensagens e recursos visuais adaptados a diferentes segmentos de usuários.

4. **Otimização em Tempo Real:** A campanha foi constantemente monitorada e ajustada em tempo real para otimizar o desempenho, com base em dados como taxas de cliques, conversões e engajamento.

5. **Integração de dados multicanal:** A Techtronics integrou dados de vários canais, incluindo mídias sociais, sites e aplicativos móveis, para uma visão holística da eficácia da campanha.

6. **Análise e Relatórios:** Foram gerados relatórios detalhados para avaliar o desempenho da campanha, incluindo ROI, alcance, engajamento e conversões.

Resultados: A campanha publicitária programática da Techtronics levou a vários resultados positivos:

- **Direcionamento Preciso:** A campanha atingiu o público-alvo com alta precisão, aumentando a eficácia dos anúncios e reduzindo o desperdício de verba publicitária.

- **Maior engajamento:** Anúncios personalizados geraram engajamento significativo, com taxas de cliques e conversões acima da média.

- **Otimização do ROI:** a otimização em tempo real permitiu que a campanha fosse ajustada para maximizar o ROI, alocando orçamento para os canais e anúncios com melhor desempenho.

- **Insights profundos:** a análise forneceu informações valiosas sobre o comportamento e as preferências do público, ajudando a Techtronics a refinar futuras estratégias de marketing.

Conclusão: O estudo de caso da Techtronics ilustra a eficácia da publicidade programática na segmentação precisa de públicos e na maximização do ROI. Ao adotar uma abordagem baseada em dados e utilizar a automação para ajustar a campanha em tempo real, a Techtronics não só melhorou o desempenho dos seus anúncios, mas também obteve informações valiosas para orientar as suas futuras iniciativas de marketing.

13. Iniciativa de Responsabilidade Social Corporativa na EcoPure: Marketing Ético e Envolvimento Comunitário

Contexto: A EcoPure, uma empresa especializada em produtos de limpeza ecológicos, reconheceu a crescente importância da Responsabilidade Social Corporativa (RSE) no ambiente empresarial moderno. Para fortalecer o seu compromisso com a sustentabilidade e a ética, a EcoPure lançou uma iniciativa de RSC focada no marketing ético e no envolvimento da comunidade.

Objetivo: O objetivo da EcoPure era desenvolver e implementar estratégias de marketing ético que reflitam seus valores de sustentabilidade e responsabilidade social, ao mesmo tempo em que se envolve ativamente com as comunidades locais para promover práticas ambientais sólidas.

Implementação: Para atingir este objetivo, a EcoPure adotou várias abordagens principais:

1. **Marketing Ético:** A EcoPure revisou suas estratégias de marketing para garantir que estivessem alinhadas com seus princípios de sustentabilidade. Isto incluiu a promoção da utilização de materiais recicláveis nas suas embalagens e o destaque dos seus esforços para reduzir a pegada de

carbono.

2. **Programas de Conscientização Ambiental:** A EcoPure lançou programas de conscientização para educar os consumidores sobre a importância da sustentabilidade e das práticas ecológicas na vida diária.

3. **Parcerias com organizações ambientais:** A EcoPure fez parceria com organizações ambientais locais e globais para apoiar vários projetos de conservação e sustentabilidade.

4. **Iniciativas comunitárias:** A EcoPure organizou eventos comunitários, como limpezas de bairros e oficinas educativas, para incentivar a participação ativa na proteção ambiental.

5. **Transparência e Relatórios:** A EcoPure implementou mecanismos de relatórios para partilhar o seu progresso de RSE com as suas partes interessadas, fortalecendo assim a transparência e a confiança.

Resultados: A iniciativa de RSC da EcoPure levou a vários resultados positivos:

- **Fortalecimento da marca:** O compromisso da EcoPure com a sustentabilidade e a responsabilidade social fortaleceu a imagem e a reputação da sua marca entre os consumidores.

- **Maior envolvimento da comunidade:** As iniciativas comunitárias fortaleceram as conexões da EcoPure com as comunidades locais, gerando boa vontade e aumentando o apoio à marca.
- **Impacto Ambiental Positivo:** Os programas de extensão e as parcerias tiveram um impacto positivo no meio ambiente, contribuindo para práticas mais sustentáveis na comunidade.
- **Fidelização do Cliente:** A transparência e o compromisso da EcoPure com a RSE fortaleceram a fidelização do cliente, atraindo consumidores que valorizam a ética e a sustentabilidade.

Conclusão: O estudo de caso EcoPure demonstra a importância e a eficácia de uma abordagem de marketing ético e de um forte envolvimento da comunidade como parte de uma iniciativa de RSE. Ao alinhar as suas práticas empresariais com os seus valores de sustentabilidade, a EcoPure não só melhorou a imagem da sua marca e fortaleceu as suas relações com as comunidades, mas também contribuiu significativamente para importantes causas ambientais, demonstrando o papel vital que as empresas podem desempenhar na promoção de uma economia mais sustentável. futuro.

14. Estratégia de marketing de

conteúdo GourmetDelight: criando uma comunidade apaixonada por comida

Contexto: A GourmetDelight, uma empresa especializada em produtos alimentares premium, procurava estabelecer uma presença online forte e envolvente para se conectar com os amantes da comida. Para atingir este objetivo, a GourmetDelight decidiu lançar uma estratégia de marketing de conteúdo que visa criar uma comunidade online de entusiastas da comida e da culinária.

Objetivo: O objetivo do GourmetDelight era desenvolver conteúdo rico e envolvente que não apenas informasse e educasse, mas também criasse um sentimento de pertencimento e envolvimento entre os entusiastas da comida e da culinária.

Implementação: Para atingir este objetivo, GourmetDelight adotou várias estratégias principais:

1. **Blog e artigos:** GourmetDelight lançou um blog dedicado, oferecendo uma variedade de artigos que vão desde receitas exclusivas e dicas de chefs até histórias sobre origens de ingredientes e tendências culinárias.

2. **Vídeos e Tutoriais:** Foram produzidos vídeos e tutoriais de culinária,

com a participação de renomados chefs e especialistas em alimentação, para proporcionar uma experiência de aprendizagem interativa e visual.

3. **Redes Sociais:** GourmetDelight tem utilizado ativamente as redes sociais para compartilhar conteúdo, interagir com seguidores e incentivar os usuários a compartilhar suas próprias experiências e criações culinárias.

4. **Eventos Online e Webinars:** Eventos online, como webinars e degustações virtuais, foram organizados para unir a comunidade e oferecer experiências exclusivas.

5. **Boletim informativo:** Um boletim informativo regular foi criado para manter a comunidade informada sobre as últimas notícias, ofertas especiais e eventos.

6. **Parcerias com Influenciadores:** Parcerias com influenciadores culinários foram estabelecidas para ampliar o alcance do conteúdo e atrair novos membros para a comunidade.

Resultados: A estratégia de marketing de conteúdo da GourmetDelight levou a vários resultados positivos:

- **Crescimento da comunidade:**

A comunidade online do GourmetDelight cresceu rapidamente, com um aumento significativo de assinantes e participantes ativos.

● **Maior engajamento:** Conteúdo interativo e educacional gerou alto engajamento, com comentários, compartilhamentos e interações aumentando em todas as plataformas.

● **Fidelização do cliente:** A criação de uma comunidade apaixonada fortaleceu a fidelização do cliente, com feedback positivo sobre os produtos e experiências oferecidos pela GourmetDelight.

● **Aumento das vendas:** A estratégia de conteúdo levou a um aumento nas vendas, com os membros da comunidade se tornando clientes regulares e embaixadores da marca.

Conclusão: O estudo de caso GourmetDelight ilustra a eficácia de uma estratégia de marketing de conteúdo bem projetada na construção e no envolvimento de uma comunidade online. Ao fornecer conteúdo rico e interativo que ressoa com as paixões do seu público, a GourmetDelight não só fortaleceu a sua presença online, mas também estabeleceu um relacionamento forte e duradouro com os seus clientes, demonstrando o poder do conteúdo na construção de uma comunidade de marca leal e engajada.

Entrevistas com especialistas

1. "Navegando na Era da IA": Entrevista com Dra. Sophie Lemaire, Especialista em Inteligência Artificial e Marketing

Contexto: A inteligência artificial (IA) está revolucionando muitos setores, incluindo o marketing. Para melhor compreender este desenvolvimento, foi realizada uma entrevista com a Dra. Sophie Lemaire, reconhecida especialista na área de IA aplicada ao marketing.

Objetivo da entrevista: O objetivo era reunir insights sobre o impacto da IA no marketing, desafios associados e melhores práticas para integrar efetivamente a IA nas estratégias de marketing.

Pontos-chave da entrevista:

1. **Papel da IA no marketing moderno:**

   ○ Lemaire explicou como a IA está transformando o marketing, inclusive permitindo uma personalização mais profunda, análise preditiva de tendências de consumo e automação de tarefas repetitivas.

2. **Desafios de integração de IA:**

   ○ Ela destacou os desafios na integração da IA, tais como a necessidade de dados de qualidade, preocupações éticas e de privacidade, e a necessidade de competências especializadas para gerir tecnologias de IA.

3. **Exemplos de sucesso de IA em marketing:**

o   Lemaire compartilhou estudos de caso onde a IA foi usada com sucesso para melhorar o envolvimento do cliente, otimizar campanhas publicitárias e aumentar as vendas.

4. **Futuro da IA em Marketing:**

o   Ela discutiu tendências futuras, prevendo um aumento no uso de IA para criação de conteúdo dinâmico, gestão de relacionamento com o cliente e marketing preditivo.

5. **Dicas para empresas que adotam IA:**

o   Lemaire aconselhou as empresas a começarem pequenas, concentrarem-se em objetivos claros e garantirem que dispõem dos recursos para gerir e interpretar os dados gerados pela IA.

6. **Impacto da IA nas habilidades de marketing:**

o   Ela também discutiu o impacto da IA nas habilidades exigidas em marketing, destacando a importância da compreensão dos dados, do pensamento analítico e da capacidade de trabalhar em colaboração com a tecnologia.

Conclusão da entrevista: A entrevista com a

Dra. Sophie Lemaire ofereceu perspectivas valiosas sobre a crescente importância da IA no marketing. Os seus insights destacam como as empresas podem navegar nesta nova era, aproveitando a IA para melhorar as suas estratégias de marketing, permanecendo atentas aos desafios e implicações éticas. Esta conversa destaca a importância dos profissionais de marketing se adaptarem e se educarem continuamente para permanecerem relevantes em um cenário em constante mudança.

2. "O Futuro da Publicidade Digital": Discussão com Marc Dubois, Pioneiro da Publicidade Programática

Contexto: A publicidade digital está em constante evolução e a publicidade programática está na vanguarda desta transformação. Para explorar este tema, foi realizada uma discussão aprofundada com Marc Dubois, um reconhecido especialista e pioneiro na área de publicidade programática.

Objetivo da discussão: O objetivo era compreender as tendências atuais e futuras na publicidade digital, especialmente na publicidade programática, e obter insights sobre como as empresas podem se adaptar e se beneficiar desses desenvolvimentos.

Principais pontos de discussão:

1. **Estado atual da publicidade**

programática:

○ Marc Dubois começou explicando como a publicidade programática revolucionou o cenário da publicidade digital, permitindo aos anunciantes comprar espaço publicitário de forma mais eficiente e direcionada por meio da automação e da análise de dados.

2. **Desafios e oportunidades:**

○ Ele destacou os desafios enfrentados pela publicidade programática, especialmente em termos de privacidade e transparência de dados. No entanto, ele também destacou as imensas oportunidades que oferece em termos de direcionamento preciso e medição de desempenho.

3. **Impacto da Inteligência Artificial:**

○ Dubois discutiu o impacto crescente da IA na publicidade programática, inclusive para otimização de lances em tempo real, personalização de anúncios e previsão do comportamento do consumidor.

4. **Futuro da publicidade digital:**

○ Ele compartilhou sua visão para o futuro da publicidade digital, prevendo o aumento do uso da realidade aumentada e virtual, bem como o surgimento de novos formatos de publicidade interativa.

5. **Dicas para anunciantes:**

○ Marc Dubois aconselhou os

anunciantes a manterem-se atualizados com as mais recentes tecnologias e tendências, concentrarem-se na criação de conteúdo de qualidade e adotarem uma abordagem centrada no consumidor para se manterem competitivos.

6. **Evolução das habilidades de marketing:**

o   Ele também discutiu a evolução das habilidades exigidas no marketing digital, destacando a importância de compreender as tecnologias emergentes, a análise de dados e a criatividade.

Conclusão da discussão: A discussão com Marc Dubois ofereceu perspectivas valiosas sobre a rápida evolução da publicidade digital e o papel crucial da publicidade programática. Os seus insights destacam a importância de as empresas se adaptarem às mudanças tecnológicas, defenderem os padrões éticos e se concentrarem na criação de campanhas publicitárias que tenham repercussão junto dos seus públicos. Esta conversa destaca que, embora a tecnologia seja um fator-chave, a criatividade e a compreensão do consumidor permanecem no centro do sucesso da publicidade digital.

3. "Estratégias de conteúdo vencedoras": conselhos de Julia Renard, editora-chefe e

estrategista de conteúdo

Contexto: Num mundo digital onde o conteúdo é rei, o desenvolvimento de uma estratégia de conteúdo eficaz é crucial para o sucesso de qualquer negócio online. Julia Renard, uma experiente editora e estrategista de conteúdo, compartilha suas dicas sobre como criar estratégias de conteúdo vencedoras.

Objetivo da Entrevista: O objetivo foi reunir dicas práticas e estratégias comprovadas para a criação de conteúdo envolvente, informativo e influente que possa cativar o público e promover o crescimento do negócio.

Pontos-chave da entrevista:

1. **Compreendendo o público:**

   o Julia Renard destacou a importância de conhecer profundamente o público-alvo. Ela aconselha a realização de pesquisas aprofundadas para captar os interesses, necessidades e preferências do público, a fim de criar um conteúdo que realmente ressoe com ele.

2. **Criação de Conteúdo de Qualidade:**

   o Ela enfatizou a importância da qualidade em vez da quantidade. O conteúdo deve ser bem pesquisado, bem escrito e fornecer valor real. Ela recomenda usar histórias e exemplos da vida real para tornar o conteúdo mais identificável e memorável.

3. **Coerência e Branding:**

o   Julia enfatizou a importância de manter a consistência no tom, no estilo e nas mensagens para fortalecer a identidade da marca. Cada conteúdo deve refletir a personalidade e os valores da marca.

4. **Otimização para SEO:**

o   Ela aconselhou a incorporação de estratégias de SEO na criação de conteúdo para melhorar a visibilidade online. Isso inclui o uso de palavras-chave relevantes, a criação de títulos atraentes e a produção de conteúdo que responda a perguntas comuns dos usuários.

5. **Uso de mídias sociais:**

o   Julia recomendou o uso das redes sociais para promover conteúdo e interagir diretamente com o público. Ela sugere diversos formatos (posts, vídeos, infográficos) para manter o engajamento.

6. **Medição e Análise:**

o   Ela enfatizou a importância de medir regularmente o desempenho do conteúdo usando ferramentas analíticas. Compreender o que funciona e o que não funciona permite ajustar a estratégia de acordo.

Conclusão da entrevista: A entrevista com Julia Renard oferece insights valiosos sobre a criação de estratégias de conteúdo eficazes. Seus conselhos destacam a importância de compreender o público, produzir conteúdo de qualidade, manter a consistência da marca, otimizar para SEO, usar as mídias sociais para engajamento e medir o desempenho para ajustes contínuos. Essas estratégias são essenciais para qualquer empresa que busca estabelecer uma presença online forte e conectar-se de forma autêntica com seu público.

4. "O poder da realidade aumentada": perspectivas de Alex Tremblay, inovador em AR e VR

Contexto: A realidade aumentada (AR) e a realidade virtual (VR) estão transformando muitas indústrias, proporcionando experiências imersivas e interativas. Alex Tremblay, um inovador reconhecido na área de AR e VR, compartilha suas perspectivas sobre o impacto e as aplicações dessas tecnologias.

Objetivo da Entrevista: O objetivo foi explorar as possibilidades oferecidas pela AR e VR, particularmente no contexto de marketing e engajamento do cliente, e entender como as empresas podem aproveitar essas tecnologias para melhorar suas estratégias de negócios.

Pontos-chave da entrevista:

1. **Potencial de AR e VR:**
   o Alex Tremblay começou destacando o imenso potencial da AR e VR para criar experiências cativantes para o cliente.

Ele explicou como essas tecnologias permitem aos usuários mergulhar em ambientes virtuais ou aprimorar sua realidade atual com informações digitais.

2. **Aplicações em Marketing:**

o   Tremblay discutiu as aplicações de AR e VR em marketing, incluindo testes virtuais de produtos, visitas imersivas a lojas ou propriedades e campanhas publicitárias interativas.

3. **Desafios e soluções:**

o   Ele discutiu os desafios técnicos e financeiros da adoção de AR e VR, ao mesmo tempo em que enfatizou a importância de desenvolver conteúdo envolvente e acessível para garantir uma adoção bem-sucedida pelo consumidor.

4. **Impacto na experiência do cliente:**

o   Tremblay explicou como a AR e a VR podem enriquecer a experiência do cliente, proporcionando oportunidades de interação e envolvimento que vão além dos métodos tradicionais.

5. **Futuro da AR e VR:**

o   Partilhou a sua visão para o futuro destas tecnologias, prevendo uma maior integração na vida quotidiana e uma melhoria contínua na sua acessibilidade e facilidade de utilização.

6. **Conselhos para empresas:**

- Alex Tremblay aconselhou as empresas interessadas em AR e VR a iniciarem projetos-piloto para testar o interesse e a resposta do consumidor, mantendo-se atentas aos desenvolvimentos tecnológicos e às melhores práticas da indústria.

Conclusão da entrevista: A entrevista com Alex Tremblay oferece insights valiosos sobre o potencial transformador da AR e VR, especialmente na área de marketing e envolvimento do cliente. Seus insights destacam a importância de as empresas compreenderem essas tecnologias, explorarem suas aplicações práticas e integrá-las estrategicamente para enriquecer a experiência do cliente e se destacarem em um mercado competitivo.

5. "Blockchain e Marketing": Visão do Futuro com Anil Gupta, Especialista em Blockchain

Contexto: Blockchain, frequentemente associado a criptomoedas, tem aplicações muito além das finanças. Anil Gupta, especialista em tecnologia blockchain, explora seu potencial na área de marketing.

Objetivo da Entrevista: O objetivo foi entender como o blockchain pode transformar o marketing, em termos de transparência, segurança de dados e novas oportunidades de campanha.

Pontos-chave da entrevista:

1. **Introdução ao Blockchain em Marketing:**

o Anil Gupta começou explicando os fundamentos do blockchain e como sua natureza descentralizada e segura pode beneficiar o marketing. Ele destacou a importância da transparência e rastreabilidade que o blockchain pode trazer para as campanhas de marketing.

2. **Aplicações práticas:**

o Gupta discutiu aplicações reais de blockchain em marketing, como gerenciamento seguro de dados de clientes, rastreamento transparente de cadeias de suprimentos para produtos de marketing e criação de programas de fidelidade mais eficientes e seguros.

3. **Personalização e privacidade:**

o Ele destacou como o blockchain pode equilibrar a personalização do marketing com a privacidade dos dados. Ao usar o blockchain, as empresas podem oferecer experiências personalizadas e, ao mesmo tempo, dar aos consumidores maior controle sobre seus dados.

4. **Impacto na publicidade digital:**

o Gupta discutiu o impacto potencial do blockchain na publicidade digital, incluindo a redução de fraudes publicitárias e a melhoria da transparência das campanhas.

5. **Desafios e Limitações:**

o   Ele também discutiu os desafios da adoção do blockchain no marketing, como a complexidade tecnológica, a necessidade de padronização e questões regulatórias.

6. **Visão do Futuro:**

o   Concluindo, Anil Gupta compartilhou sua visão para o futuro do blockchain no marketing. Ele prevê uma crescente adoção do blockchain, levando a campanhas mais transparentes, seguras e centradas no consumidor.

Conclusão da entrevista: A entrevista com Anil Gupta oferece uma perspectiva aprofundada sobre o potencial revolucionário do blockchain no marketing. Seus insights revelam como essa tecnologia pode transformar a maneira como as empresas gerenciam os dados dos clientes, executam campanhas publicitárias e constroem a confiança de seu público. Para os profissionais de marketing, compreender e adotar o blockchain pode ser um fator chave para permanecerem competitivos num futuro digital em constante mudança.

6. "Revolução do comércio eletrônico": insights de Mia Zhang,

CEO da E-Shop Innovations

Contexto: O comércio eletrônico passou por uma transformação rápida e contínua, influenciando profundamente os hábitos de compra dos consumidores. Mia Zhang, CEO da E-Shop Innovations, uma empresa líder em soluções de comércio eletrônico, compartilha seus insights sobre as tendências atuais e futuras do setor.

Objetivo da entrevista: O objetivo foi reunir perspectivas de especialistas sobre a revolução do comércio eletrônico, com foco em inovações tecnológicas, estratégias de marketing digital e evolução das expectativas dos consumidores.

Pontos-chave da entrevista:

1. **Evolução do Comércio Eletrônico:**

o   Mia Zhang começou por discutir a rápida evolução do comércio eletrónico, destacando como a tecnologia mudou a forma como as pessoas compram e vendem produtos. Destacou a crescente importância da experiência do usuário em plataformas de comércio eletrônico.

2. **Inovações tecnológicas:**

o   Zhang falou sobre as mais recentes inovações, como inteligência artificial, realidade aumentada e chatbots, que estão transformando a experiência de compra online, tornando-a mais interativa e personalizada.

3. **Estratégias de marketing digital:**

o   Ela compartilhou insights sobre estratégias eficazes de marketing digital no comércio eletrônico, incluindo a importância do SEO, do marketing de conteúdo e das mídias sociais para atrair e reter clientes.

4. **Comportamento do consumidor:**

o   Zhang discutiu a mudança de comportamento do consumidor, enfatizando a crescente demanda por experiências de compras online rápidas, seguras e personalizadas.

5. **Desafios e oportunidades:**

o   Ela abordou os desafios enfrentados pelos varejistas online, incluindo o gerenciamento de logística, o aumento da concorrência e a necessidade de adaptação constante às novas tecnologias.

6. **Futuro do comércio eletrônico:**

o   Concluindo, Mia Zhang partilhou a sua visão para o futuro do comércio eletrónico, prevendo uma maior integração de tecnologias avançadas e um maior foco na experiência personalizada e omnicanal do cliente.

Conclusão da entrevista: A entrevista com Mia Zhang oferece informações valiosas sobre a dinâmica em constante mudança do comércio eletrônico. Os seus insights destacam a importância da inovação tecnológica e da compreensão profunda do comportamento do consumidor para ter sucesso no comércio eletrónico moderno. Para as empresas que operam neste setor, permanecer na vanguarda da tecnologia e adaptar-se rapidamente às mudanças do mercado são essenciais para se manterem competitivas e satisfazerem eficazmente as necessidades dos consumidores.

7. "Engajamento nas mídias sociais": estratégias de Laura Martinez, consultora de mídias sociais

Contexto: Num mundo onde as redes sociais se tornaram uma parte central da comunicação e do marketing, o envolvimento nestas plataformas é crucial para o sucesso dos negócios. Laura Martinez, uma experiente consultora de mídia social, compartilha suas estratégias para maximizar o engajamento e construir a presença online das marcas.

Objetivo da entrevista: O objetivo foi reunir estratégias eficazes e dicas práticas para melhorar o engajamento nas redes sociais, com foco nas melhores práticas para se conectar com o público e construir visibilidade da marca.

Pontos-chave da entrevista:

1. **Compreendendo o público:**
   - Laura Martinez enfatizou a importância de conhecer profundamente

o público-alvo. Ela recomenda analisar dados demográficos, interesses e comportamentos para criar conteúdo que repercuta no público.

2. **Conteúdo de qualidade e consistente:**

o   Ela insistiu na necessidade de produzir conteúdo de qualidade, consistente e alinhado com a identidade da marca. O conteúdo deve ser informativo, divertido e envolvente para incentivar a interação.

3. **Interação e capacidade de resposta:**

o   Martinez aconselhou responder rapidamente aos comentários e mensagens para construir a confiança do público. A interação regular aumenta o envolvimento e a fidelidade do assinante.

4. **Uso dos recursos da plataforma:**

o   Ela recomendou aproveitar ao máximo os recursos oferecidos por cada plataforma, como Instagram Stories, Twitter Polls ou Facebook Live Video, para diversificar o conteúdo e aumentar o engajamento.

5. **Campanhas e Colaborações:**

o   Laura sugeriu realizar campanhas interativas, como concursos ou desafios, e colaborar com influenciadores para expandir o alcance e atrair novos seguidores.

6. **Medição e Análise:**

o   Ela destacou a importância de medir

regularmente o desempenho usando ferramentas analíticas para entender o que funciona e o que não funciona, permitindo que a estratégia seja ajustada em conformidade.

Conclusão da entrevista: A entrevista com Laura Martinez oferece insights valiosos sobre como otimizar o envolvimento na mídia social. Seus conselhos destacam a importância de compreender o público, criar conteúdo de qualidade, interagir ativamente com os assinantes, aproveitar os recursos da plataforma e medir o impacto das ações tomadas. Para marcas que procuram fortalecer a sua presença online, a adoção destas estratégias pode levar a um aumento significativo no envolvimento e a uma melhor visibilidade nas redes sociais.

8. "Análise de dados para marketing": técnicas avançadas com Dr. Rajesh Kumar, cientista de dados

Contexto: A análise de dados desempenha um papel crucial no marketing moderno, permitindo que as empresas tomem decisões informadas e otimizem as suas estratégias. Rajesh Kumar, um renomado cientista de dados, compartilha seus insights sobre o uso de técnicas avançadas de análise de dados em marketing.

Objetivo da Entrevista: O objetivo foi explorar os

métodos e aplicações de análise avançada de dados em marketing, focando em como as empresas podem usar essas técnicas para melhorar a eficácia de suas campanhas de marketing.

Pontos-chave da entrevista:

1. **Importância da análise de dados:**
   - Dr. Kumar começou destacando a importância da análise de dados na compreensão do comportamento do consumidor e na medição da eficácia das campanhas de marketing.

2. **Técnicas de análise avançada:**
   - Ele discutiu técnicas avançadas como aprendizado de máquina, análise preditiva e processamento de linguagem natural. Estas técnicas permitem identificar tendências, prever o comportamento do consumidor e otimizar campanhas em tempo real.

3. **Personalização de marketing:**
   - Dr. Kumar explicou como a análise de dados permite uma maior personalização das campanhas de marketing, direcionando aos consumidores mensagens e ofertas adaptadas às suas necessidades e preferências individuais.

4. **Segmentação de mercado :**
   - Ele destacou a importância da segmentação de mercado baseada

em dados, permitindo que as empresas atinjam grupos específicos de forma mais eficaz.

5. **Medição de desempenho:**

o   Dr. Kumar discutiu métodos para medir e analisar o desempenho de campanhas de marketing, usando indicadores chave de desempenho (KPIs) para avaliar o retorno sobre o investimento (ROI).

6. **Desafios e soluções:**

o   Ele também discutiu os desafios da análise de dados, como o gerenciamento de grandes quantidades de dados e a garantia de proteção da privacidade do consumidor.

Conclusão da entrevista: A entrevista com o Dr. Rajesh Kumar oferece insights valiosos sobre a aplicação de análise de dados avançada em marketing. Seus insights destacam a importância do uso estratégico de dados para compreender os consumidores, personalizar campanhas e medir a eficácia dos esforços de marketing. Para as empresas que procuram otimizar as suas estratégias de marketing, a adoção destas técnicas avançadas de análise de dados é essencial para se manterem competitivas num ambiente de negócios cada vez mais orientado por dados.

9. "Personalização na Era Digital": Entrevista com Emily

Robinson, especialista em marketing personalizado

Histórico: A personalização tornou-se uma parte fundamental do marketing digital, permitindo que as empresas se conectem com seus clientes de uma forma mais significativa e eficaz. Emily Robinson, especialista em marketing personalizado, compartilha seus insights sobre as melhores práticas e tendências nesta área.

Objetivo da entrevista: O objetivo era entender como as empresas podem usar a personalização para melhorar o envolvimento do cliente, aumentar as conversões e construir fidelidade à marca no ambiente digital atual.

Pontos-chave da entrevista:

1. **Importância da Personalização:**
   o   Emily Robinson começou por destacar a crescente importância da personalização no marketing digital. Ela explicou como a personalização pode melhorar a experiência do cliente, tornando as interações mais relevantes e envolventes.

2. **Uso de dados para personalização:**
   o   Ela discutiu o uso de dados do cliente para criar experiências personalizadas. Isso inclui analisar comportamentos de compra, preferências e interações anteriores para oferecer recomendações e conteúdos personalizados.

3. **Tecnologias de personalização:**

o   Robinson discutiu as diferentes tecnologias que facilitam a personalização, como inteligência artificial, aprendizado de máquina e automação de marketing, que permitem a personalização em escala.

4. **Estratégias de conteúdo personalizado:**

o   Ela compartilhou estratégias para a criação de conteúdo personalizado eficaz, enfatizando a importância de compreender as necessidades e desejos exclusivos de cada segmento de clientes.

5. **Desafios de personalização:**

o   Emily também discutiu os desafios da personalização, incluindo o gerenciamento da privacidade dos dados e o equilíbrio entre personalização e sobrecarga de informações.

6. **Futuro da Personalização:**

o   Concluindo, ela compartilhou sua visão para o futuro da personalização no marketing digital, prevendo um aumento na adoção de tecnologias avançadas e uma personalização ainda mais refinada e integrada.

Conclusão da entrevista: A entrevista com Emily Robinson oferece insights valiosos sobre personalização em marketing digital. Seu conselho destaca a importância do uso estratégico de dados e tecnologia para criar experiências personalizadas e memoráveis para o cliente. Para as empresas que buscam se destacar em um cenário digital lotado, a adoção de estratégias avançadas de personalização é essencial para envolver efetivamente os clientes e construir fidelidade à marca.

10. "SEO e visibilidade online": dicas de Kevin Patel, SEO Guru

Contexto: Num mundo digital onde a visibilidade online é essencial para o sucesso dos negócios, a referência natural (SEO) desempenha um papel crucial. Kevin Patel, um reconhecido especialista em SEO, compartilha suas dicas e estratégias para melhorar a visibilidade online das empresas.

Objetivo da entrevista: O objetivo foi reunir dicas práticas e estratégias comprovadas para otimizar SEO e melhorar a presença online das empresas, com foco nas melhores práticas para aumentar o tráfego orgânico e a visibilidade nos mecanismos de busca.

Pontos-chave da entrevista:

1. **Importância do SEO:**
   o   Kevin Patel começou destacando a importância do SEO no marketing digital atual. Ele explicou como um bom SEO pode levar a maior visibilidade, tráfego de qualidade e melhor credibilidade online.

2. **Pesquisa por palavra-chave:**
   o   Patel enfatizou a importância da pesquisa

de palavras-chave para entender o que o público-alvo procura. Ele aconselhou o uso de ferramentas de pesquisa de palavras-chave para identificar termos relevantes e de alto potencial.

3. **Otimização na página:**

o   Ele compartilhou dicas para otimização na página, incluindo a criação de títulos e meta descrições atraentes, o uso adequado de tags H1 e H2 e a otimização de imagens.

4. **Conteúdo de qualidade:**

o   Kevin enfatizou a importância de produzir conteúdo de qualidade, informativo e relevante para o público. Ele recomendou a criação de conteúdo que responda às perguntas dos usuários e agregue valor.

5. **SEO técnico:**

o   Ele abordou o lado técnico do SEO, falando sobre a importância da velocidade de carregamento do site, compatibilidade móvel e estrutura de URL limpa.

6. **Backlinks e autoridade de domínio:**

o   Patel discutiu a importância dos backlinks para construir autoridade de domínio. Ele aconselhou a adoção de estratégias éticas de link building para obter links de qualidade de sites confiáveis.

7. **Medição e Análise:**

o   Por fim, ele destacou a importância de medir e analisar o desempenho do SEO usando ferramentas como Google Analytics e Google Search Console para entender o que está funcionando e o que pode ser melhorado.

Conclusão da entrevista: A entrevista com Kevin Patel oferece informações valiosas sobre como otimizar o SEO para melhorar a visibilidade online. Seu conselho destaca a importância de uma estratégia de SEO bem planejada, incluindo pesquisa de palavras-chave, otimização on-page, criação de conteúdo de qualidade, aspectos técnicos e uma estratégia de backlink sólida. Para empresas que buscam aumentar sua presença online, seguir essas dicas pode levar a uma melhoria significativa na visibilidade do mecanismo de pesquisa e a um aumento no tráfego orgânico.

11. "Marketing Móvel e Aplicativos": Tendências e Conselhos de Omar Farooq, Desenvolvedor de Aplicativos Móveis

Contexto: Com o aumento constante no uso de smartphones, o marketing móvel e os aplicativos tornaram-se ferramentas essenciais para alcançar os consumidores. Omar Farooq, um experiente desenvolvedor de aplicativos móveis, compartilha suas perspectivas sobre as últimas tendências e oferece dicas para ter sucesso em marketing móvel.

Objetivo da entrevista: O objetivo era explorar estratégias de marketing móvel atuais e futuras, com foco em como as empresas podem usar aplicativos móveis para melhorar o envolvimento do cliente e impulsionar as vendas.

Pontos-chave da entrevista:

1. **Importância crescente do marketing móvel:**
   - Omar Farooq começou destacando a importância crescente do marketing móvel no cenário atual. Ele explicou como os smartphones se tornaram o canal de comunicação preferido de muitos consumidores.

2. **Desenvolvimento de aplicativos móveis:**
   - Farooq compartilhou insights sobre o desenvolvimento de aplicativos móveis, enfatizando a importância de criar aplicativos intuitivos, rápidos e envolventes que agreguem valor real aos usuários.

3. **Personalização e experiência do usuário:**
   - Ele destacou a importância da personalização em aplicativos móveis para melhorar a experiência do usuário. Farooq aconselhou o uso de dados do usuário para oferecer experiências personalizadas

e relevantes.

4. **Integração de recursos avançados:**

o   Omar discutiu a integração de recursos avançados, como realidade aumentada, chatbots e inteligência artificial para enriquecer a experiência do usuário e aumentar o envolvimento.

5. **Estratégias de Monetização:**

o   Ele discutiu diferentes estratégias de monetização para aplicativos móveis, incluindo compras no aplicativo, assinaturas e publicidade direcionada.

6. **Importância das atualizações e suporte:**

o   Farooq enfatizou a importância de manter os aplicativos atualizados com os recursos mais recentes e fornecer suporte oportuno para melhorar a satisfação do usuário.

7. **Tendências futuras em marketing móvel:**

o   Concluindo, ele compartilhou sua visão para as tendências futuras do marketing móvel, prevendo um aumento no uso de tecnologias emergentes para criar experiências de usuário mais imersivas e interativas.

Conclusão da entrevista: A entrevista com Omar Farooq oferece perspectivas valiosas sobre marketing móvel e desenvolvimento de aplicativos. Seu conselho destaca a importância de criar aplicativos móveis centrados no usuário que integrem recursos avançados e proporcionem experiências personalizadas. Para as empresas que buscam se destacar em um mercado móvel concorrido, a adoção dessas estratégias pode levar a um envolvimento significativamente melhor do cliente e ao aumento da receita.

12. "Influenciadores e Marcas": Colaboração Eficaz com Sarah Johnson, Especialista em Marketing de Influenciadores

Contexto: O marketing de influência tornou-se uma parte fundamental das estratégias de marca no mundo digital de hoje. Sarah Johnson, uma renomada especialista em marketing de influenciadores, compartilha seus insights sobre como as marcas podem colaborar efetivamente com os influenciadores para maximizar seu impacto.

Objetivo da entrevista: O objetivo foi explorar as melhores práticas para colaborações entre marcas e influenciadores, com foco na criação de parcerias autênticas e benéficas para ambas as partes.

Pontos-chave da entrevista:

1. **Escolha de influenciadores:**
   o Sarah Johnson começou por sublinhar a importância de escolher influenciadores cuja imagem e valores correspondam

aos da marca. Ela aconselhou analisar o público, o engajamento e a credibilidade do influenciador antes de estabelecer uma parceria.

2. Desenvolvendo relacionamentos autênticos:

○ Ela enfatizou a importância de desenvolver relacionamentos autênticos com influenciadores. Isso envolve trabalhar com influenciadores que são verdadeiramente apaixonados pela marca e seus produtos.

3. Estratégias de conteúdo:

○ Johnson discutiu estratégias de conteúdo para campanhas de influenciadores, recomendando permitir que os influenciadores tenham alguma liberdade criativa para produzir conteúdo que ressoe naturalmente em seu público.

4. Medição de Impacto:

○ Ela discutiu a importância de medir o impacto das campanhas de influenciadores, usando métricas como engajamento, alcance e retorno do investimento (ROI).

5. Tendências e Inovações:

○ Sarah compartilhou sua visão sobre as tendências atuais e futuras no marketing de influenciadores, incluindo o uso crescente de microinfluenciadores e a integração de realidade aumentada e virtual em campanhas.

6. **Desafios e soluções:**

o   Ela também discutiu desafios comuns nas colaborações entre marcas e influenciadores, como gerenciar expectativas e manter a autenticidade, e ofereceu soluções para superá-los.

Conclusão da entrevista: A entrevista com Sarah Johnson oferece insights valiosos sobre as colaborações de marcas e influenciadores no marketing atual. Seus conselhos destacam a importância de escolher os influenciadores certos, desenvolver relacionamentos autênticos, criar conteúdo envolvente e medir o impacto das campanhas. Para marcas que buscam alavancar o marketing de influência, seguir essas estratégias pode levar a parcerias mais bem-sucedidas e a uma maior ressonância com seu público-alvo.

13. "Experiência do usuário e Web Design": Princípios-chave com Diego Martinez, UX/UI Designer

Contexto: A experiência do usuário (UX) e a interface do usuário (UI) são cruciais para o sucesso de qualquer produto digital. Diego Martinez, um experiente designer de UX/UI, compartilha seus princípios-chave para a criação de experiências web envolventes e intuitivas.

Objetivo da entrevista: O objetivo foi explorar as melhores práticas em design UX/UI, com foco em como criar sites e aplicativos que atendam às necessidades do usuário e ao mesmo tempo sejam esteticamente agradáveis.

Pontos-chave da entrevista:

1. **Compreensão do usuário:**
   - Diego Martinez começou enfatizando a importância de compreender as necessidades, desejos e comportamentos dos usuários. Ele recomendou extensa pesquisa de usuários, incluindo entrevistas e testes de usabilidade, para orientar o design.

2. **Simplicidade e Clareza:**
   - Ele enfatizou a necessidade de manter a simplicidade e clareza no design. Isso inclui o uso de navegação intuitiva, redução da sobrecarga cognitiva e criação de interfaces limpas.

3. **Consistência no Design:**
   - Martinez falou sobre a importância da consistência no design, usando elementos de design recorrentes, paletas de cores harmoniosas e tipografia uniforme para criar uma experiência de usuário consistente.

4. **Design Responsivo:**
   - Ele discutiu a importância do design responsivo, garantindo que sites e

aplicativos funcionem bem em diversos dispositivos e tamanhos de tela.

5. **Acessibilidade:**

o   Diego destacou a importância da acessibilidade no design UX/UI, garantindo que os produtos digitais sejam utilizáveis por pessoas com diversas habilidades.

6. **Teste e Iteração:**

o   Ele recomendou testes contínuos com usuários reais e iterações baseadas em feedback para melhorar constantemente a experiência do usuário.

7. **Tendências e Inovações:**

o   Concluindo, Martinez compartilhou sua perspectiva sobre as tendências atuais e futuras em UX/UI, como a adoção de inteligência artificial, design para wearables e realidade aumentada.

Conclusão da entrevista: A entrevista com Diego Martinez oferece insights valiosos sobre design UX/UI. Os seus princípios fundamentais destacam a importância de compreender os utilizadores, criar designs simples e consistentes, garantir a acessibilidade e adotar uma abordagem iterativa baseada em testes. Para designers e desenvolvedores que buscam criar experiências excepcionais na web e em dispositivos móveis, seguir essas diretrizes pode levar a produtos mais intuitivos, envolventes e bem-sucedidos.

14. "Desenvolvimento Sustentável e Marketing": Abordagens Éticas com Nora Khaled, Consultora de Desenvolvimento Sustentável

Contexto: Num mundo cada vez mais consciente das questões ambientais e sociais, o desenvolvimento sustentável tornou-se um aspecto crucial do marketing. Nora Khaled, consultora de sustentabilidade, compartilha suas perspectivas sobre a integração de práticas sustentáveis e éticas em estratégias de marketing.

Objetivo da Entrevista: O objetivo foi explorar como as empresas podem adotar abordagens de marketing que não apenas respeitem os princípios do desenvolvimento sustentável, mas também contribuam para uma imagem de marca positiva e responsável.

Pontos-chave da entrevista:

1. **Importância do Desenvolvimento Sustentável em Marketing:**

   o   Nora Khaled destacou a crescente importância da sustentabilidade nas decisões dos consumidores. Ela explicou como uma abordagem sustentável pode fortalecer a reputação de uma marca e promover a fidelidade do cliente.

2. **Transparência e Autenticidade:**

   o   Ela enfatizou a necessidade de as

marcas serem transparentes e autênticas em suas práticas sustentáveis. Isto inclui uma comunicação honesta sobre os esforços de sustentabilidade e os impactos ambientais.

3. **Marketing e Comunicação Verde:**

o   Khaled discutiu estratégias de marketing verde, recomendando destacar as iniciativas verdes da empresa nas comunicações de marketing, evitando ao mesmo tempo o greenwashing.

4. **Compromisso com a Responsabilidade Social:**

o   Ela destacou a importância do engajamento social corporativo, incentivando as marcas a apoiarem causas sociais e ambientais relevantes.

5. **Inovação Sustentável:**

o   Nora abordou a importância da inovação no desenvolvimento de produtos e serviços sustentáveis, incentivando as empresas a integrar práticas sustentáveis desde a fase de design.

6. **Parcerias e Colaborações:**

o   Ela aconselhou a formação de parcerias com organizações sustentáveis e grupos ambientalistas para fortalecer a credibilidade e o impacto das iniciativas de sustentabilidade.

7. **Medição de Impacto:**

○ Khaled destacou a importância de medir e comunicar o impacto das iniciativas sustentáveis, utilizando métricas claras para demonstrar o compromisso da empresa com a sustentabilidade.

Conclusão da entrevista: A entrevista com Nora Khaled oferece insights valiosos sobre a integração da sustentabilidade ao marketing. O seu conselho destaca a importância da transparência, autenticidade, inovação sustentável e envolvimento social para marcas que desejam adotar práticas éticas de marketing. Para as empresas que procuram posicionar-se como responsáveis e ambientalmente conscientes, seguir estas estratégias pode não só melhorar a imagem da sua marca, mas também contribuir positivamente para a sociedade e o ambiente.

Modelos e exemplos de estratégias

Modelos de Planejamento Estratégico

O planejamento estratégico é essencial para qualquer empresa que deseja navegar com sucesso no cenário de negócios em constante mudança. Aqui está um guia para modelos de planejamento estratégico que podem ser usados para estruturar e orientar o processo de desenvolvimento de estratégias eficazes.

1. **Análise SWOT (Forças, Fraquezas, Oportunidades, Ameaças):**
o   Este modelo envolve a avaliação dos pontos fortes e fracos internos da sua empresa, bem como das oportunidades e ameaças externas. Ajuda a identificar as principais áreas nas quais focar para melhorar e expandir seus negócios.

2. **Objetivos SMART (específicos, mensuráveis, alcançáveis, realistas, definidos em tempo hábil):**
o   As metas SMART ajudam a definir metas claras e alcançáveis para o seu negócio. Este modelo garante que cada meta seja específica, mensurável, alcançável, realista e com prazo determinado.

3. **Modelo das Cinco Forças de Porter:**
o   Este modelo analisa cinco forças que influenciam a competitividade numa indústria: a ameaça de novos participantes, o poder de negociação dos fornecedores, o poder de negociação dos clientes, a ameaça de produtos ou serviços substitutos e a intensidade da concorrência competitiva.

4. **Planejamento Baseado em Cenário:**
o   O planejamento baseado em cenários envolve a criação de diferentes cenários futuros possíveis. Isto ajuda as empresas a considerar várias possibilidades e

a desenvolver estratégias flexíveis que possam se adaptar a mudanças imprevistas.

5. **Modelo McKinsey 7S:**

o   Este modelo examina sete elementos inter-relacionados que constituem uma organização: estrutura, estratégia, sistemas, estilo, pessoas, habilidades e valores compartilhados. É usado para garantir que todos os aspectos do negócio estejam alinhados e funcionando juntos de forma eficaz.

6. **Modelo de Planejamento Estratégico Ansoff:**

o   O modelo Ansoff, ou matriz de crescimento, ajuda as empresas a determinar a sua estratégia de crescimento, avaliando as opções de mercado e de produtos, incluindo a penetração no mercado, o desenvolvimento do mercado, o desenvolvimento e a diversificação dos produtos.

7. **Modelo de planejamento estratégico do Boston Consulting Group (BCG):**

o   A Matriz BCG é uma ferramenta de planejamento estratégico que ajuda as empresas a avaliar seus portfólios de produtos ou unidades de negócios com base em sua participação e taxa de crescimento de mercado.

8. **Modelo de Planejamento Estratégico do Balanced Scorecard:**

o   O Balanced Scorecard é uma estrutura de gestão estratégica usada para acompanhar e gerenciar o desempenho organizacional, concentrando-se em indicadores-chave de quatro perspectivas: financeira, cliente, processos internos e aprendizagem e crescimento.

9. **Modelo de Planejamento Estratégico do Oceano Azul:**

o   O modelo do Oceano Azul incentiva as empresas a sair de mercados saturados (oceanos vermelhos) e a criar novos espaços de mercado (oceanos azuis) onde a concorrência é menos intensa.

10. **Modelo de Planejamento Estratégico PESTEL:**

o   A análise PESTEL examina os factores Políticos, Económicos, Sociais, Tecnológicos, Ambientais e Legais que podem afectar um negócio. É usado para identificar tendências externas que podem influenciar a estratégia da empresa.

Cada um desses modelos oferece uma abordagem única para ajudar as empresas a desenvolver estratégias eficazes e planejar o futuro. Ao utilizá-los, as empresas podem compreender melhor o seu ambiente, identificar oportunidades de crescimento e preparar-se para desafios futuros.

Exemplos de estratégias de marketing digital

O marketing digital é um campo dinâmico e em constante evolução. Aqui estão exemplos reais de estratégias de marketing digital que podem ser aplicadas para melhorar a visibilidade, o envolvimento e a conversão.

1. **Otimização para Mecanismos de Busca (SEO):**

   o **Exemplo:** Uma empresa de moda implementa uma estratégia abrangente de SEO, incluindo pesquisa de palavras-chave para identificar os termos mais pesquisados em seu setor, otimização do conteúdo do seu site e construção de links de qualidade para melhorar sua classificação nos resultados de pesquisa.

2. **Marketing de conteúdo:**

   o **Exemplo:** Um fabricante de equipamentos esportivos desenvolve um blog rico em conteúdo, oferecendo dicas de treinamento, análises de produtos e histórias inspiradoras de atletas. O conteúdo é compartilhado regularmente nas redes sociais para aumentar o envolvimento e direcionar o tráfego para o site.

3. **Marketing de mídia social:**

o   **Exemplo:** uma startup de tecnologia usa mídias sociais para compartilhar atualizações de produtos, depoimentos de clientes e vídeos de demonstração. Ela também envolve seu público por meio de perguntas e respostas ao vivo e competições.

4. **Publicidade paga (PPC):**

o   **Exemplo:** um restaurante local lança uma campanha publicitária paga no Google Ads e no Facebook, visando palavras-chave específicas e públicos locais para promover suas especialidades e aumentar as reservas.

5. **Marketing de email:**

o   **Exemplo:** uma livraria online cria um boletim informativo mensal oferecendo resenhas de livros, entrevistas com autores e descontos exclusivos. Ele segmenta sua lista de assinantes para personalizar recomendações de leitura com base nos interesses de cada assinante.

6. **Marketing de influência:**

o   **Exemplo:** uma marca de cosméticos colabora com influenciadores no Instagram e no YouTube para criar conteúdo sobre seus produtos. Os influenciadores compartilham sua experiência com os produtos e oferecem códigos de desconto aos seus seguidores.

7. **Estratégias de conteúdo de vídeo:**

o   **Exemplo:** uma empresa de fitness cria uma série de vídeos com dicas de exercícios e bem-estar no YouTube, atraindo um público engajado e aumentando o conhecimento da marca.

8. **Otimização móvel e marketing de aplicativos:**

o   **Exemplo:** um aplicativo de entrega de comida otimiza seu site e aplicativo para dispositivos móveis, proporcionando uma experiência de usuário perfeita. Ele também usa campanhas publicitárias direcionadas para incentivar downloads do aplicativo.

9. **Estratégias de marketing automatizadas:**

o   **Exemplo:** um provedor de serviços B2B usa ferramentas de automação para rastrear leads, enviar e-mails personalizados com base no comportamento do usuário e nutrir clientes potenciais ao longo da jornada do cliente.

10. **Uso de dados e análises para tomada de decisões:**

o   **Exemplo:** um varejista on-line usa ferramentas analíticas para rastrear o comportamento do usuário em seu site, identificar os produtos mais populares e ajustar seu estoque e estratégia de marketing de acordo.

Estes exemplos ilustram como diferentes estratégias de marketing digital podem ser aplicadas em vários contextos para atingir objetivos específicos, melhorar o envolvimento do cliente e impulsionar o crescimento dos negócios.

Estratégias de marketing influenciador

O marketing de influência é uma estratégia fundamental no mundo digital de hoje, permitindo que as marcas se conectem com seu público-alvo por meio de figuras influentes nas redes sociais. Aqui estão estratégias detalhadas para implementar um marketing de influenciador eficaz.

1. **Identificação e seleção de influenciadores relevantes:**

   o **Estratégia:** Procure influenciadores cujo público-alvo corresponda ao da sua marca. Use ferramentas de análise de mídia social para avaliar seu alcance, envolvimento e relevância. Dê preferência a influenciadores cujo estilo e valores correspondam aos da sua marca.

2. **Desenvolvendo relacionamentos autênticos com influenciadores:**

○　　**Estratégia:** Construa relacionamentos de longo prazo com influenciadores. Comece com interações autênticas em suas plataformas, como comentar suas postagens ou compartilhar seu conteúdo, antes de oferecer uma parceria.

3. **Criação de Conteúdo Colaborativo:**

○　**Estratégia:** Trabalhe com influenciadores para criar conteúdo que pareça natural e autêntico ao seu estilo habitual. O conteúdo deve agregar valor ao seu público e ao mesmo tempo destacar sua marca de forma sutil.

4. **Campanhas direcionadas com base em eventos ou lançamentos:**

○　　**Estratégia:** Use o marketing de influenciador para campanhas específicas, como lançamento de um novo produto ou evento especial. Os influenciadores podem criar buzz em torno do evento e chamar a atenção para sua marca.

5. **Uso de códigos promocionais e links de rastreamento:**

○　**Estratégia:** Forneça aos influenciadores códigos promocionais exclusivos ou links de rastreamento. Isso não apenas ajuda a medir a eficácia da campanha, mas também fornece um incentivo tangível para que o público se envolva com sua marca.

6. **Engajamento multiplataforma:**

o   **Estratégia:** Envolva influenciadores em múltiplas plataformas (Instagram, YouTube, TikTok, etc.) para maximizar o alcance. Adapte o conteúdo a cada plataforma para melhor ressonância com o público-alvo.

7. **Análise e Medição de Desempenho:**

o   **Estratégia:** Use ferramentas analíticas para monitorar o desempenho das campanhas de marketing de influenciadores. Meça o engajamento, o alcance, o tráfego gerado e as conversões para avaliar o ROI e ajustar estratégias futuras.

8. **Marketing de influência e RSE (Responsabilidade Social Corporativa):**

o   **Estratégia:** integre iniciativas de RSC em suas campanhas de marketing de influenciadores. Colabore com influenciadores em projetos que destacam os esforços de sustentabilidade ou responsabilidade social da sua marca.

9. **Narrativas e contação de histórias:**

o   **Estratégia:** incentive os influenciadores a contar histórias atraentes sobre sua marca. Contar histórias pode criar uma conexão emocional mais profunda com o público.

10. **Inovação e Tendências:**

o **Estratégia:** fique por dentro das últimas tendências de marketing de influenciadores, como o uso de influenciadores virtuais ou o aproveitamento de novos recursos de mídia social, para manter suas campanhas atualizadas e envolventes.

Ao implementar essas estratégias, as empresas podem aproveitar ao máximo o marketing de influência para aumentar o reconhecimento, envolver seu público-alvo e aumentar as conversões.

Modelos de estratégia de SEO

A otimização de mecanismos de pesquisa (SEO) é uma parte crucial do marketing digital, ajudando os sites a melhorar sua visibilidade e classificações nos mecanismos de pesquisa. Aqui estão alguns modelos de estratégia de SEO que você pode adotar para otimizar sua presença online.

1. **Otimização na página:**

o **Estratégia:** concentre-se na otimização de elementos individuais do seu site, como títulos, meta descrições, conteúdo de qualidade e uso estratégico de palavras-chave. Certifique-se de que cada página esteja otimizada para palavras-chave específicas e relevantes.

2. **Otimização Técnica:**

o **Estratégia:** Melhore os aspectos técnicos

do seu site para torná-lo mais acessível aos motores de busca. Isso inclui melhorar a velocidade do site, criar um arquivo XML de mapa do site, otimizar URLs e garantir que seu site seja compatível com dispositivos móveis.

3. **Criação de Conteúdo de Qualidade:**

o **Estratégia:** Desenvolver conteúdo informativo, relevante e de alta qualidade que atenda às necessidades e dúvidas do seu público-alvo. Use uma variedade de formatos, como postagens em blogs, vídeos, infográficos e estudos de caso.

4. **Edifício de links:**

o **Estratégia:** Concentre-se na aquisição de backlinks de qualidade de sites confiáveis. Use técnicas como guest blogging, parceria com outros sites e criação de conteúdo compartilhável que atraia links naturalmente.

5. **SEO local:**

o **Estratégia:** se você tem uma empresa física ou um público local, otimize sua presença online para pesquisas locais. Isso inclui a criação de uma página do Google Meu Negócio, otimização para palavras-chave locais e coleta de comentários de clientes.

6. **Análise da concorrência:**

o **Estratégia:** analise as estratégias de

SEO de seus concorrentes para identificar oportunidades e lacunas em sua própria estratégia. Use ferramentas para analisar as palavras-chave classificadas, os backlinks adquiridos e o desempenho do conteúdo.

7. **Otimização para pesquisa por voz:**

o **Estratégia:** Otimize seu conteúdo para pesquisa por voz usando linguagem natural e frases-chave na forma de perguntas. Concentre-se em consultas de cauda longa e respostas diretas a perguntas comuns.

8. **Monitoramento e Análise de Desempenho:**

o **Estratégia:** Use ferramentas como Google Analytics e Google Search Console para acompanhar o desempenho do seu site. Analise métricas como tráfego orgânico, taxa de rejeição e posições de classificação para ajustar sua estratégia de SEO.

9. **SEO móvel:**

o **Estratégia:** certifique-se de que seu site esteja totalmente otimizado para dispositivos móveis. Isso inclui design responsivo, tempos de carregamento rápidos e uma experiência de usuário móvel tranquila.

10. **Uso de dados estruturados:**

o **Estratégia:** Implemente dados

estruturados (marcação de esquema) para ajudar os mecanismos de pesquisa a entender melhor o conteúdo do seu site. Isso pode melhorar a forma como suas páginas são exibidas nos resultados de pesquisa com rich snippets.

Ao implementar essas estratégias de SEO, você pode melhorar significativamente a visibilidade do seu site nos motores de busca, atrair tráfego mais qualificado e, por fim, aumentar sua taxa de conversão.

Estratégias de Desenvolvimento Sustentável

A sustentabilidade tornou-se um aspecto crucial da estratégia empresarial, não só pela sua contribuição positiva para o ambiente e a sociedade, mas também pela sua capacidade de gerar valor a longo prazo para a empresa. Aqui estão estratégias de sustentabilidade que as empresas podem adotar para integrar práticas responsáveis em suas operações.

1. **Avaliação de Impacto Ambiental:**

   o **Estratégia:** Realize uma avaliação abrangente do impacto ambiental do seu negócio. Isto inclui a análise do consumo de energia, das emissões de gases com efeito de estufa, da utilização da água e da gestão de resíduos. Use esses dados para identificar áreas de melhoria.

2. **Redução da Pegada de Carbono:**

o   **Estratégia:** Implemente medidas para reduzir a pegada de carbono da sua empresa. Isto pode incluir a utilização de energias renováveis, a melhoria da eficiência energética dos edifícios e processos e a redução das viagens através da promoção do teletrabalho ou de viagens de negócios sustentáveis.

3. **Gestão Sustentável de Recursos:**

o   **Estratégia:** Adoptar práticas sustentáveis de gestão de recursos. Isto pode envolver a redução do consumo de matérias-primas, a reciclagem de materiais e a utilização de produtos reciclados ou biodegradáveis.

4. **Cadeia de fornecimento responsável:**

o   **Estratégia:** Certifique-se de que sua cadeia de suprimentos seja ética e sustentável. Isto inclui a escolha de fornecedores que cumpram as normas ambientais e sociais e a implementação de políticas de fornecimento responsável.

5. **Compromisso com a RSE (Responsabilidade Social Corporativa):**

o   **Estratégia:** Desenvolva e implemente iniciativas de RSE que se alinhem com os valores da sua empresa. Isso pode incluir programas de voluntariado para funcionários, doações para causas sociais e parcerias com organizações sem fins lucrativos.

6. **Inovação Sustentável:**

o   **Estratégia:** Incentive a inovação sustentável em sua empresa. Investir na investigação e no desenvolvimento de produtos e serviços ecológicos e explorar métodos de produção novos e mais sustentáveis.

7. **Comunicação e Transparência:**

o   **Estratégia:** Comunique abertamente seus compromissos e conquistas de sustentabilidade. Publique relatórios de sustentabilidade e utilize suas plataformas de comunicação para aumentar a conscientização sobre seus esforços.

8. **Treinamento e Conscientização dos Colaboradores:**

o   **Estratégia:** Treinar e conscientizar seus colaboradores sobre práticas de desenvolvimento sustentável. Incentive-os a adotar comportamentos ecologicamente responsáveis no trabalho e na vida pessoal.

9. **Integração do Desenvolvimento Sustentável na Cultura Corporativa:**

o   **Estratégia:** Faça da sustentabilidade uma parte integrante da cultura da sua empresa. Isto pode incluir o estabelecimento de políticas internas sustentáveis e o incentivo a uma mentalidade de sustentabilidade em todos os níveis da organização.

10. **Colaboração e Parcerias:**

o **Estratégia:** Colaborar com outras empresas, governos e organizações não governamentais para promover iniciativas de desenvolvimento sustentável. As parcerias podem ajudar a partilhar conhecimentos e recursos e a alcançar um maior impacto.

Ao adotar estas estratégias de sustentabilidade, as empresas podem não só contribuir positivamente para o ambiente e a sociedade, mas também fortalecer a sua marca, melhorar a sua competitividade e garantir a sua viabilidade a longo prazo.

Estratégias de Personalização do Cliente

A personalização do cliente é uma estratégia fundamental para melhorar a experiência do cliente, aumentar a fidelidade e impulsionar as vendas. Aqui estão as estratégias de personalização do cliente que as empresas podem adotar para oferecer experiências mais direcionadas e relevantes.

1. **Coleta e Análise de Dados do Cliente:**

o **Estratégia:** Use ferramentas de análise de dados para coletar informações sobre preferências do cliente, comportamento de compra e interações anteriores. Analise esses dados para entender as necessidades e interesses específicos de seus clientes.

2. **Segmentação de público:**

o   **Estratégia:** Divida sua base de clientes em segmentos com base em critérios como idade, sexo, localização geográfica, comportamento de compra e interesses. Isso permite que você crie mensagens de marketing mais direcionadas e relevantes.

3. **Personalização de conteúdo:**

o   **Estratégia:** Crie conteúdo personalizado que repercuta em diferentes segmentos de clientes. Isso pode incluir e-mails personalizados, recomendações de produtos em seu site e postagens em mídias sociais adaptadas aos interesses do usuário.

4. **Experiência de usuário personalizada no site:**

o   **Estratégia:** Use a tecnologia para personalizar a experiência em seu site com base nas preferências e no comportamento do visitante. Isso pode incluir a exibição de produtos ou ofertas específicas e a personalização da navegação no site.

5. **Marketing por e-mail direcionado:**

o   **Estratégia:** Envie e-mails personalizados

com base nas ações e preferências do cliente. Use ferramentas de automação de marketing para enviar mensagens relevantes no momento certo, como e-mails de carrinho abandonado ou ofertas especiais de aniversário.

6. **Ofertas e promoções personalizadas:**

o **Estratégia:** Crie ofertas e promoções personalizadas para segmentos específicos de clientes. Isso pode incluir descontos em produtos visualizados ou ofertas com base em compras anteriores.

7. **Chatbots e Assistência Personalizada:**

o **Estratégia:** Utilize chatbots e assistentes virtuais para oferecer atendimento personalizado. Os chatbots podem responder às perguntas dos clientes, recomendar produtos e fornecer suporte personalizado.

8. **Feedback e escuta dos clientes:**

o **Estratégia:** Colete feedback regular de seus clientes e use essas informações para melhorar a personalização. Pesquisas, comentários em mídias sociais e avaliações de clientes são fontes valiosas de informações.

9. **Uso de Inteligência Artificial:**

o **Estratégia:** Implemente soluções de IA para analisar dados de clientes em escala e gerar insights para personalização. A

IA pode ajudar a identificar tendências e padrões no comportamento do cliente.

10. **Experiências omnicanal consistentes:**

o   **Estratégia:** Garanta uma experiência consistente em todos os canais – online e offline. A personalização deve ser integrada ao site, aos aplicativos móveis, às interações na loja e às campanhas de marketing.

Ao adotar essas estratégias de personalização do cliente, as empresas podem criar experiências mais envolventes e relevantes para seus clientes, o que pode levar ao aumento da satisfação, fidelidade e vendas do cliente.

Estratégias de publicidade programática

A publicidade programática utiliza plataformas automatizadas para comprar e vender espaço publicitário online, permitindo aos anunciantes atingir os seus públicos de forma mais precisa e eficiente. Aqui estão as principais estratégias para otimizar suas campanhas de publicidade programática.

1. **Compreensão das plataformas programáticas:**

o   **Estratégia:** Familiarize-se com diferentes plataformas programáticas, incluindo DSPs (Demand-Side Platforms), SSPs (Supply-Side Platforms) e trocas de anúncios. Compreender como funcionam essas plataformas é essencial para otimizar suas campanhas.

2. **Segmentação precisa de público:**

o   **Estratégia:** Use dados demográficos, comportamentais e contextuais para atingir com precisão o seu público. A segmentação pode incluir idade, sexo, interesses, comportamento de navegação e localização geográfica.

3. **Otimização em tempo real:**

o   **Estratégia:** Aproveite a capacidade da publicidade programática de otimizar campanhas em tempo real. Use a análise de dados para ajustar seus lances, segmentação e criativo de anúncio com base no desempenho.

4. **Utilização da Plataforma de Gestão de Dados (DMP):**

o   **Estratégia:** Integre um DMP para centralizar e gerenciar os dados do seu público. Isso permitirá que você crie segmentos de público mais precisos e melhore o direcionamento de suas campanhas.

5. **Criatividade Dinâmica:**

o   **Estratégia:** Use anúncios dinâmicos para personalizar o conteúdo do anúncio com base no usuário. Isso pode incluir a modificação de imagens, mensagens e frases de chamariz com base nos dados do usuário.

6. **Integração multiplataforma:**

o **Estratégia:** certifique-se de que suas campanhas programáticas estejam integradas em diversas plataformas e dispositivos. Isso inclui plataformas de desktop, celulares, tablets e até plataformas de TV conectada.

7. **Respeito pela Confidencialidade e Conformidade:**

o **Estratégia:** Esteja ciente das leis e regulamentos de privacidade de dados, como o GDPR. Certifique-se de que suas práticas de coleta e uso de dados estejam em conformidade.

8. **Análise e Relatórios:**

o **Estratégia:** Use ferramentas analíticas para monitorar o desempenho de sua campanha. Analise métricas como CTR (taxa de cliques), taxa de conversão e ROI para avaliar a eficácia de suas campanhas.

9. **Teste A/B e experimentação:**

o **Estratégia:** realize testes A/B em diferentes elementos de suas campanhas, como recursos visuais, texto do anúncio e frases de chamariz, para determinar o que repercute melhor em seu público.

10. **Parcerias Estratégicas:**

o **Estratégia:** Estabeleça

parcerias estratégicas com editores ou redes de anúncios para acessar inventário de anúncios de qualidade e públicos específicos.

Ao implementar estas estratégias, os anunciantes podem maximizar a eficácia das suas campanhas publicitárias programáticas, atingir os seus públicos-alvo com mais precisão e melhorar o ROI dos seus esforços publicitários.

Exemplos de estratégias e aplicativos de marketing móvel

O marketing móvel e os aplicativos são ferramentas poderosas para alcançar e envolver clientes em um mundo cada vez mais conectado. Aqui estão exemplos reais de estratégias de marketing para dispositivos móveis e aplicativos que as empresas podem usar para melhorar o engajamento e impulsionar as vendas.

1. **Otimização para dispositivos móveis:**
   o **Exemplo:** uma loja de roupas online otimiza seu site para dispositivos móveis, garantindo uma navegação tranquila, tempos de carregamento rápidos e uma experiência de compra fácil em smartphones e tablets.

2. **Aplicativo móvel dedicado:**
   o **Exemplo:** Um supermercado está desenvolvendo um aplicativo móvel que permite aos clientes fazer compras on-

line, receber notificações sobre ofertas especiais e digitalizar produtos na loja para obter informações adicionais.

3. **Marketing por SMS e MMS:**

o   **Exemplo:** Um salão de cabeleireiro envia lembretes de compromissos por SMS e ofertas promocionais por MMS aos seus clientes, aumentando a retenção e as taxas de resposta.

4. **Publicidade móvel direcionada:**

o   **Exemplo:** um restaurante utiliza anúncios móveis direcionados em plataformas como Google e Facebook para alcançar clientes locais com ofertas especiais e menus diários.

5. **Campanhas de Realidade Aumentada (AR):**

o   **Exemplo:** uma marca de cosméticos cria uma campanha de RA em seu aplicativo, permitindo que os usuários experimentem virtualmente diferentes produtos de maquiagem antes de comprar.

6. **Programas de fidelidade no aplicativo:**

o   **Exemplo:** Uma rede de cafeterias oferece um programa de fidelidade em seu aplicativo, onde os clientes podem ganhar pontos e receber recompensas a cada compra realizada pelo aplicativo.

7. **Notificações push personalizadas:**

o   **Exemplo:** um aplicativo de

condicionamento físico envia notificações push personalizadas para incentivar os usuários a atingir suas metas diárias de saúde e condicionamento físico.

8. **Integração de mídia social:**

o **Exemplo:** um aplicativo de viagens incorpora recursos de compartilhamento de mídia social, permitindo que os usuários compartilhem facilmente suas experiências de viagem e itinerários com seus amigos.

9. **Uso de Inteligência Artificial (IA):**

o **Exemplo:** um aplicativo de atendimento ao cliente usa IA para oferecer um chatbot interativo que responde às perguntas dos clientes e fornece assistência em tempo real.

10. **Estratégias de marketing para influenciadores móveis:**

o **Exemplo:** uma marca de moda faz parceria com influenciadores no Instagram para promover seu aplicativo móvel, usando postagens e histórias patrocinadas para atrair usuários para o aplicativo.

Ao implementar essas estratégias, as empresas podem aproveitar ao máximo as oportunidades oferecidas pelo marketing móvel e de aplicativos para atingir seu público-alvo, melhorar o envolvimento do cliente e impulsionar as vendas.

Estratégias de gerenciamento de relacionamento com o cliente (CRM)

O gerenciamento de relacionamento com o cliente (CRM) é essencial para desenvolver e manter relacionamentos sólidos com os clientes. Aqui estão estratégias eficazes de CRM que as empresas podem adotar para melhorar o envolvimento do cliente, a retenção e o crescimento das vendas.

1. **Centralização dos dados do cliente:**

   o **Estratégia:** Use um sistema CRM para centralizar todas as informações do cliente, incluindo interações anteriores, preferências, dados de compras e feedback. Isso permite uma visão completa do cliente para um atendimento personalizado.

2. **Segmentação de clientes:**

   o **Estratégia:** Segmente sua base de clientes no CRM com base em diversos critérios como comportamento de compra, preferências, localização e nível de renda. A segmentação ajuda a direcionar comunicações e ofertas de forma mais eficaz.

3. **Automação de Processos de Vendas e Marketing:**

   o **Estratégia:** Automatize processos repetitivos, como e-mails de acompanhamento, notificações de renovação e campanhas de marketing. A automação economiza tempo e garante uma comunicação consistente.

4. **Personalização da Comunicação:**

o **Estratégia:** Use dados de CRM para personalizar suas interações com os clientes. E-mails personalizados, recomendações de produtos e ofertas especiais podem aumentar o envolvimento e a satisfação do cliente.

5. **Monitoramento e Análise de Interações com Clientes:**

o **Estratégia:** Acompanhe e analise todas as interações dos clientes por meio do CRM para entender suas necessidades e comportamentos. Use esses insights para melhorar produtos, serviços e experiências do cliente.

6. **Gerenciamento de feedback do cliente:**

o **Estratégia:** Use o CRM para coletar e gerenciar feedback dos clientes. Responda ativamente aos comentários e use o feedback para melhorar produtos e serviços.

7. **Integração de Canais de Comunicação:**

o **Estratégia:** Integre diversos canais de comunicação como e-mail, redes sociais, ligações e chat ao vivo em seu CRM. Isso garante uma experiência consistente e integrada ao cliente.

8. **Treinamento e Conscientização dos Colaboradores:**

o **Estratégia:** Treine seus funcionários no uso eficaz do CRM. Certifique-se de que eles entendam a importância de capturar dados com precisão e usar insights para melhorar a interação com o cliente.

9. **Desenvolvimento de Programas de Fidelidade:**

o **Estratégia:** Use CRM para desenvolver e gerenciar programas de fidelidade. Ofereça recompensas e benefícios com base no histórico de compras e engajamento do cliente para estimular a fidelidade.

10. **Previsão e análise de vendas:**

o **Estratégia:** Use dados de CRM e ferramentas analíticas para prever tendências de vendas e ajustar estratégias de acordo. Isso pode ajudar a identificar oportunidades de vendas e otimizar os esforços de marketing.

Ao adotar estas estratégias de CRM, as empresas podem não só melhorar o seu relacionamento com os clientes, mas também aumentar a eficiência das suas equipas de vendas e marketing, levando ao crescimento sustentado do negócio.

Exemplos de estratégias de conteúdo

Uma estratégia de conteúdo eficaz é essencial para envolver o público, construir o reconhecimento da marca e melhorar o SEO. Aqui estão exemplos reais de estratégias de conteúdo que as empresas podem usar para atingir seus objetivos de marketing.

1. **Blogs e artigos de destaque:**
   - o   **Exemplo:** Uma empresa de tecnologia cria um blog atualizado regularmente com artigos detalhados sobre as últimas tendências tecnológicas, tutoriais e estudos de caso. Isso estabelece a marca como uma autoridade em sua área e melhora seu SEO.

2. **Vídeos Educativos e Demonstrativos:**
   - o   **Exemplo:** uma marca de culinária produz vídeos de receitas e demonstrações de produtos, partilhados no YouTube e incorporados no seu website. Esses vídeos ajudam a envolver visualmente o público e a mostrar os produtos em ação.

3. **Infográficos e conteúdo visual:**
   - o   **Exemplo:** uma agência de viagens cria infográficos envolventes sobre destinos populares, oferecendo dicas de viagem e fatos interessantes. Esses infográficos são compartilhados nas redes sociais para aumentar o engajamento e o alcance.

4. **Podcasts e entrevistas:**
   - o   **Exemplo:** uma empresa de consultoria lança um podcast onde entrevista líderes

inovadores e especialistas do setor. Isso permite que você compartilhe insights valiosos enquanto aumenta a visibilidade da marca.

5. **Estudos de caso e depoimentos de clientes:**

o   **Exemplo:** Uma empresa de software publica estudos de caso detalhados e depoimentos de clientes satisfeitos em seu site, demonstrando a eficácia de seus produtos e construindo a confiança dos clientes em potencial.

6. **E-books e guias:**

o   **Exemplo:** Uma empresa de fitness oferece e-books gratuitos sobre nutrição e treinamento em troca dos endereços de e-mail dos visitantes, alimentando sua estratégia de marketing por e-mail.

7. **Conteúdo interativo:**

o   **Exemplo:** um site de finanças pessoais cria calculadoras e questionários interativos para ajudar os usuários a gerenciar seu orçamento e investimentos, aumentando o envolvimento e o tempo gasto no site.

8. **Artigos de blogs convidados:**

o   **Exemplo:** um consultor de marketing escreve guest posts para blogs populares do setor, compartilhando sua experiência e direcionando tráfego para seu site pessoal.

9. **Boletins informativos personalizados:**

o **Exemplo:** uma loja online envia newsletters personalizadas com recomendações de produtos com base nas preferências do cliente e no histórico de compras.

10. **Conteúdo sazonal e temático:**

o **Exemplo:** uma marca de roupas cria e compartilha conteúdo temático em torno de feriados e estações, como guias de estilo de verão ou ideias de presentes de Natal.

Ao implementar estas estratégias de conteúdo, as empresas podem não só atrair e reter a atenção do seu público-alvo, mas também fortalecer o seu posicionamento no mercado e melhorar o seu desempenho online.

Tendências e previsões futuras

Evolução do Marketing Digital

1. **Introdução:**

o O marketing digital passou por uma rápida evolução nas últimas décadas, influenciado pelos avanços tecnológicos, pelas mudanças nos comportamentos dos consumidores e pelo surgimento de novos canais de comunicação. Esta seção explora as tendências atuais e prevê o futuro do marketing digital.

2. **Integração de Inteligência Artificial:**

o   A IA está transformando o marketing digital ao permitir uma personalização mais profunda, análise preditiva de tendências de consumo e automação de tarefas de marketing. Chatbots, recomendações personalizadas e otimização de campanhas em tempo real são exemplos de aplicação de IA.

3. **Maior uso de dados:**

o   Os dados desempenham um papel central no marketing digital moderno. A análise de big data permite que as empresas entendam melhor seus clientes e otimizem suas estratégias de marketing para obter resultados mais eficazes.

4. **Marketing omnicanal:**

o   A abordagem omnicanal, que proporciona uma experiência consistente ao cliente em múltiplas plataformas e pontos de contato, está se tornando a norma. Esta estratégia permite uma interação perfeita com os clientes, seja online, no celular ou na loja.

5. **Realidade Aumentada e Realidade Virtual:**

o   AR e VR oferecem experiências imersivas e interativas, abrindo novos caminhos para o marketing digital. As marcas podem usar essas tecnologias para testes virtuais de produtos, experiências de marca imersivas e anúncios interativos.

6. **Marketing de vídeo e transmissão ao vivo:**

o   O conteúdo de vídeo continua a dominar, com um aumento na popularidade da transmissão ao vivo. Os vídeos oferecem uma maneira envolvente de contar histórias de marcas e conectar-se com o público de uma forma mais pessoal.

7. **Importância crescente do SEO de voz:**

o   Com a crescente popularidade dos assistentes de voz, o SEO por voz está se tornando crucial. Otimizar o conteúdo para pesquisa por voz requer uma abordagem diferente, com foco em frases mais coloquiais e perguntas diretas.

8. **Confidencialidade de dados e regulamentos:**

o   As preocupações crescentes em torno da privacidade dos dados e regulamentações como o GDPR estão influenciando o marketing digital. As empresas devem ser transparentes na recolha e utilização de dados, respeitando a privacidade dos utilizadores.

9. **Evolução das Redes Sociais:**

o   As plataformas de mídia social estão em constante evolução, com novos recursos e algoritmos. As marcas devem adaptar-se rapidamente a estas mudanças para manter o envolvimento e o alcance.

10. **Conclusão:**

o   O futuro do marketing digital será caracterizado por uma maior integração de tecnologias avançadas, um foco na experiência personalizada do utilizador e uma adaptação contínua às rápidas mudanças no cenário digital. As empresas que adotarem estes desenvolvimentos estarão melhor posicionadas para ter sucesso num ambiente cada vez mais digitalizado.

Futuro do comércio eletrônico

1. **Introdução :**

o   O comércio eletrônico está em constante evolução, impulsionado por inovações tecnológicas, mudanças nos hábitos de consumo e expectativas crescentes dos clientes. Esta seção explora tendências emergentes e previsões para o futuro do comércio eletrônico.

2. **Personalização avançada:**

o   A personalização se tornará ainda mais sofisticada com o uso de inteligência artificial e aprendizado de máquina. Os sites de comércio eletrônico poderão oferecer experiências de compra personalizadas, recomendando produtos com base nas preferências individuais, histórico de compras e comportamento de navegação.

3. **Integração de Realidade Aumentada:**

o A realidade aumentada (AR) transformará a experiência de compra online, permitindo que os clientes vejam os produtos em seu próprio ambiente antes de fazer uma compra. Isso ajudará a reduzir a incerteza e aumentar a satisfação do cliente.

4. **Comércio de voz e assistentes inteligentes:**

o Com a crescente popularidade dos assistentes de voz, o comércio de voz se tornará uma via importante para compras online. Os consumidores poderão fazer compras simplesmente usando a voz, tornando a experiência de compra mais conveniente e acessível.

5. **Pagamentos simplificados e seguros:**

o As tecnologias de pagamento evoluirão para proporcionar transações mais rápidas, seguras e convenientes. Os pagamentos sem contacto, as carteiras digitais e as criptomoedas crescerão em popularidade, proporcionando aos consumidores mais opções e melhor segurança.

6. **Logística e entrega inovadoras:**

o   Os avanços na logística e na entrega, como os drones e os veículos autónomos, irão revolucionar a forma como os produtos são entregues. A entrega no mesmo dia ou mesmo dentro de uma hora pode se tornar a norma para muitos varejistas on-line.

7. Sustentabilidade e Comércio Ético:

o   A sustentabilidade se tornará um aspecto crucial do comércio eletrônico. Os consumidores esperam práticas comerciais éticas e ecológicas, que levarão as empresas a adotar embalagens sustentáveis, cadeias de abastecimento transparentes e produtos ecológicos.

8. Experiência omnicanal:

o   A experiência de compra omnicanal, proporcionando uma experiência consistente ao cliente em múltiplos canais (online, móvel, na loja), tornar-se-á essencial. Tecnologias como beacons e displays interativos nas lojas integrarão ainda mais as experiências online

o e off-line.

9. Análise de dados e tomada de decisão:

o   A análise de dados desempenhará um papel ainda maior no comércio eletrônico. Os insights dos dados ajudarão as empresas a tomar decisões informadas, otimizar as operações e melhorar a experiência do cliente.

10. **Conclusão:**

o   O futuro do comércio eletrónico será marcado pela inovação contínua, maior personalização, integração tecnológica avançada e um compromisso crescente com a sustentabilidade. As empresas que se adaptarem rapidamente a estas mudanças estarão melhor posicionadas para ter sucesso num mercado em rápida mudança.

Desenvolvimentos em Inteligência Artificial

1. **Introdução:**

o   A inteligência artificial (IA) está redefinindo muitos sctorcs, incluindo marketing, comércio eletrônico, manufatura e serviços. Esta seção explora desenvolvimentos recentes em IA e seu impacto potencial em vários setores.

2. **Automação e Otimização de Processos:**

o   A IA permite a automação de tarefas repetitivas e a otimização de processos de negócios. No futuro, podemos esperar ver sistemas de IA suportando funções complexas, melhorando a eficiência e reduzindo custos operacionais.

3. **Personalização   de   Marketing   e**

Publicidade:

o   As tecnologias de IA estão sendo cada vez mais usadas para personalizar experiências de marketing e publicidade. Eles ajudam a analisar os dados do consumidor em tempo real e a ajustar as mensagens publicitárias para atingir as preferências individuais, melhorando o envolvimento e a eficácia da campanha.

4. Previsões e Análise Preditiva:

o   A IA desempenha um papel crucial na análise preditiva, ajudando as empresas a antecipar tendências de mercado, comportamentos dos consumidores e riscos potenciais. Essa capacidade de prever ajuda as empresas a tomar decisões proativas e estratégicas.

5. Melhor experiência do cliente:

o   A IA é usada para melhorar a experiência do cliente por meio de chatbots inteligentes, assistentes virtuais e recomendações personalizadas. Essas tecnologias proporcionam atendimento rápido e personalizado ao cliente, aumentando a satisfação e fidelização do cliente.

6. Desenvolvimentos em aprendizado de máquina:

o   O aprendizado de máquina, um ramo da IA, continua a evoluir, permitindo que as máquinas aprendam e se adaptem sem serem explicitamente programadas. Isso abre possibilidades para aplicações mais intuitivas e inteligentes em diversos campos.

7. **Impacto na tomada de decisões:**

o   A IA fornece insights profundos e análises de dados que ajudam os líderes a tomar decisões mais informadas. No futuro, a IA poderá desempenhar um papel mais importante na tomada de decisões estratégicas nas organizações.

8. **Segurança e Confidencialidade:**

o   Com o aumento do uso da IA, as questões de segurança e privacidade dos dados tornam-se fundamentais. Os desenvolvimentos futuros na IA terão de abordar estas preocupações, garantindo a proteção de dados e a conformidade regulamentar.

9. **Integração Intersetorial:**

o   A IA está a encontrar aplicações numa gama crescente de setores, desde cuidados de saúde até finanças, educação e transportes. Esta integração intersetorial da IA impulsionará a inovação e a criação de novas oportunidades de negócios.

10. **Conclusão:**

o   Os desenvolvimentos na IA prometem transformar radicalmente o panorama dos negócios e da sociedade. As empresas que adotarem e integrarem estas tecnologias estarão mais bem equipadas para enfrentar desafios futuros e aproveitar novas oportunidades num mundo cada vez mais impulsionado por dados e inteligência artificial.

Tendências nas mídias sociais

1. **Introdução :**

o   As redes sociais continuam a evoluir a um ritmo rápido, influenciando significativamente a forma como as marcas interagem com os seus públicos. Esta seção explora as tendências atuais e futuras das mídias sociais e seu impacto no marketing e nas comunicações.

2. **Maior envolvimento com vídeo:**

o   Os vídeos, especialmente formatos curtos e histórias, estão ganhando popularidade nas plataformas sociais. As marcas estão usando cada vez mais conteúdo de vídeo para envolver seu público de maneira criativa e dinâmica.

3. **Ascensão de Microinfluenciadores:**

o   Os microinfluenciadores, com os seus públicos mais pequenos mas altamente envolvidos, estão a tornar-se a escolha preferida das marcas. Eles oferecem maior autenticidade e nível de confiança em comparação com influenciadores com grande público.

4. **Comércio Social e Compras Integradas:**

o   As plataformas de mídia social integram cada vez mais recursos de comércio eletrônico, permitindo que os usuários comprem produtos diretamente por meio de postagens e histórias. Essa tendência está transformando a forma como os consumidores descobrem e compram produtos.

5. **Uso de Realidade Aumentada:**

o   A realidade aumentada (AR) nas redes sociais, especialmente através de filtros e experiências interativas, oferece novas oportunidades para as marcas criarem experiências imersivas e memoráveis para os utilizadores.

6. **Maior importância da autenticidade:**

o   Os consumidores procuram autenticidade nas marcas que seguem nas redes sociais. Conteúdo que reflete histórias reais, valores de marca e maior transparência está ganhando popularidade.

7. **Envolvimento por meio de conteúdo gerado pelo usuário:**

o   O conteúdo gerado pelo usuário (UGC) continua a ser uma ferramenta poderosa para marcas nas redes sociais. Incentivar os clientes a compartilhar seu próprio conteúdo cria engajamento e confiança.

8. **Foco na Responsabilidade Social:**

o As marcas utilizam as redes sociais para destacar o seu compromisso com as causas sociais e ambientais. Esta tendência reflete uma crescente consciência das responsabilidades sociais corporativas.

9. **Evolução dos Algoritmos:**

o Mudanças constantes nos algoritmos das plataformas sociais exigem que as marcas se adaptem rapidamente para manter a visibilidade e o engajamento. Compreender e adaptar-se a esses algoritmos é crucial para o sucesso.

10. **Integração de Chatbots e IA:**

o A integração de chatbots e inteligência artificial para atendimento ao cliente e envolvimento personalizado está se tornando mais comum. Essas tecnologias permitem uma interação rápida e personalizada em larga escala.

11. **Conclusão:**

o As tendências atuais nas redes sociais indicam uma mudança em direção a mais interatividade, autenticidade e integração tecnológica. As marcas que se adaptarem a estas tendências e as incorporarem nas suas estratégias de redes sociais estarão melhor posicionadas para envolver o seu público e construir a sua presença online.

Futuro da publicidade programática

1. **Introdução :**

o   A publicidade programática, que utiliza algoritmos e tecnologias automatizadas para comprar e vender espaço publicitário, está transformando o cenário da publicidade digital. Esta secção explora tendências futuras e desenvolvimentos esperados nesta área.

2. **Maior integração de IA e aprendizado de máquina:**

o   A inteligência artificial (IA) e o aprendizado de máquina desempenharão um papel cada vez mais central na publicidade programática. Estas tecnologias permitirão uma otimização mais precisa das campanhas, um melhor direcionamento dos públicos e uma análise em tempo real do desempenho da publicidade.

3. **Publicidade omnicanal:**

o   A publicidade programática expandir-se-á para além das plataformas digitais tradicionais para incluir TV conectada, outdoors digitais e outros canais. Esta abordagem omnicanal proporcionará aos anunciantes um alcance mais amplo e maior consistência nas suas campanhas publicitárias.

4. Transparência e confidencialidade de dados:

o Com o aumento das preocupações com a privacidade dos dados, a transparência se tornará um aspecto crucial da publicidade programática. Os anunciantes e as plataformas terão de garantir a proteção dos dados dos utilizadores, mantendo ao mesmo tempo a transparência nos processos de segmentação e medição.

5. Maior automação e eficiência:

o A automação na publicidade programática irá melhorar, permitindo que os anunciantes lancem e gerenciem campanhas com mais eficiência. Isso inclui automatizar a criação de conteúdo, compra de espaço publicitário e otimização de campanha.

6. Personalização em larga escala:

o A capacidade de personalizar mensagens publicitárias em grande escala será reforçada. Os anunciantes poderão criar anúncios altamente personalizados que repercutam em segmentos de público específicos, melhorando o envolvimento e a relevância.

7. Impacto do 5G e das novas tecnologias:

o A chegada do 5G e de outras tecnologias avançadas abrirá novas possibilidades para a publicidade programática, especialmente em termos de velocidade de carregamento de anúncios, qualidade do formato do anúncio e experiências interativas.

8. **Evolução dos formatos publicitários:**

o   Os formatos de publicidade continuarão a evoluir, com um aumento de anúncios imersivos e interativos, como realidade aumentada e realidade virtual, proporcionando experiências mais envolventes para os utilizadores.

9. **Desafios e oportunidades regulatórias:**

o   Mudanças na regulamentação, como as leis de privacidade de dados, apresentarão desafios e oportunidades para a publicidade programática. Os intervenientes no mercado terão de se adaptar a estas mudanças, explorando simultaneamente novas oportunidades para inovar.

10. **Conclusão:**

o   O futuro da publicidade programática é brilhante, com avanços tecnológicos que continuarão a transformar a forma como os anúncios são direcionados, entregues e medidos. As empresas que abraçarem estas mudanças e se adaptarem rapidamente estarão melhor posicionadas para aproveitar as oportunidades apresentadas por esta rápida evolução no mercado publicitário.

Inovações em design UX/UI

1. **Introdução :**

o   O design UX/UI é um campo em constante evolução, moldado pelos avanços tecnológicos e mudanças no comportamento do usuário. Esta seção explora inovações atuais e futuras em design UX/UI e seu impacto na criação de produtos digitais.

2. **Design Centrado no Usuário:**

o   A abordagem centrada no usuário permanecerá no centro do design UX/UI. Os designers continuarão a criar interfaces intuitivas e experiências de usuário baseadas em um profundo entendimento das necessidades, desejos e comportamentos dos usuários.

3. **Integração de IA e aprendizado de máquina:**

o   A inteligência artificial e o aprendizado de máquina transformarão o design UX/UI, permitindo interfaces mais inteligentes e adaptáveis. Estas tecnologias permitirão a criação de experiências personalizadas em tempo real, baseadas nas interações e preferências dos utilizadores.

4. Design para telas dobráveis e flexíveis:

o   Com o surgimento de telas dobráveis e flexíveis, os designers de UX/UI precisarão inovar para criar experiências fluidas e consistentes nesses novos formatos. Isso inclui projetar interfaces que se adaptem dinamicamente a diferentes configurações de tela.

5. Realidade Aumentada e Realidade Virtual:

o   AR e VR fornecerão novas oportunidades para design UX/UI. Os designers explorarão maneiras de criar experiências imersivas e interativas, integrando elementos do mundo real com informações digitais enriquecidas.

6. Design de voz e interfaces de conversação:

o   O design de interfaces de voz e conversação aumentará em importância. Os designers de UX/UI trabalharão em experiências de usuário onde a voz e o diálogo natural desempenham um papel central, especialmente em aplicações para assistentes de voz e chatbots.

7. Acessibilidade e Inclusão:

o   Acessibilidade e inclusão continuarão sendo aspectos essenciais do design UX/UI. Os designers esforçar-se-ão por criar produtos digitais que sejam acessíveis a todos, tendo em conta as diversas capacidades e necessidades dos utilizadores.

8. **Microinterações e animações:**

o Microinterações e animações sofisticadas continuarão a enriquecer a experiência do usuário. Esses elementos sutis, mas poderosos, melhoram o envolvimento e ajudam a orientar os usuários pelas interfaces de maneira intuitiva.

9. **Design Ético e Responsável:**

o O design ético e responsável se tornará um assunto cada vez mais importante. Os designers de UX/UI terão em conta o impacto social e ambiental das suas criações, garantindo que promovem práticas responsáveis e sustentáveis.

10. **Conclusão:**

o As inovações no design UX/UI desempenharão um papel crucial na definição do futuro dos produtos digitais. Mantendo-se na vanguarda das tendências tecnológicas e concentrando-se nas necessidades dos usuários, os designers de UX/UI continuarão a criar experiências memoráveis e significativas que moldam nossa interação diária com a tecnologia.

Desenvolvimento Sustentável e Responsabilidade Corporativa

1. **Introdução :**

o   A sustentabilidade e a responsabilidade corporativa tornaram-se elementos essenciais na estratégia empresarial moderna. Esta seção explora como as empresas estão integrando práticas sustentáveis em suas operações e seu impacto na sociedade e no meio ambiente.

2. **Integração do Desenvolvimento Sustentável nas Operações Comerciais:**

o   As empresas estão adotando práticas sustentáveis em suas operações, como a utilização de recursos renováveis, a redução de resíduos e a melhoria da eficiência energética. Estas práticas não são apenas benéficas para o ambiente, mas também podem levar a poupanças de custos a longo prazo.

3. **Responsabilidade Social Corporativa (RSE):**

o   A RSE está se tornando um aspecto crucial da reputação corporativa. Iniciativas como apoio às comunidades locais, programas de bem-estar dos colaboradores e contribuições para causas sociais fortalecem a posição da empresa como ator responsável na sociedade.

4. **Relatórios de Transparência e Sustentabilidade:**

o A transparência nas práticas de sustentabilidade é cada vez mais exigida por consumidores e stakeholders. As empresas publicam relatórios de sustentabilidade detalhados para mostrar o seu compromisso com práticas empresariais responsáveis.

5. **Economia Circular e Modelos de Negócios Sustentáveis:**

o A economia circular, que visa minimizar o desperdício e maximizar a utilização de recursos, está a crescer em popularidade. As empresas estão a adotar modelos de negócios sustentáveis que incorporam a reutilização, reciclagem e regeneração de produtos e materiais.

6. **Inovação Sustentável:**

o A inovação em produtos e serviços sustentáveis é uma área em crescimento. As empresas investem em pesquisa e desenvolvimento para criar soluções que abordem os desafios ambientais e, ao mesmo tempo, atendam às necessidades dos consumidores.

7. **Envolvimento das partes interessadas:**

o As empresas envolvem ativamente as partes interessadas, incluindo clientes, funcionários, fornecedores e comunidades locais, nas suas iniciativas de sustentabilidade. Esta abordagem colaborativa fortalece a responsabilização e o impacto dos esforços de sustentabilidade.

8. **Impacto na cadeia de abastecimento:**

o⠀⠀⠀⠀A sustentabilidade na cadeia de abastecimento é essencial. As empresas trabalham com seus fornecedores para garantir práticas éticas e sustentáveis desde a produção até a distribuição.

9. **Desafios e oportunidades:**

o⠀⠀Embora a integração da sustentabilidade apresente desafios, como custos iniciais mais elevados e a necessidade de alterar processos estabelecidos, também oferece oportunidades significativas em termos de inovação, diferenciação de mercado e conformidade regulamentar.

10. **Conclusão:**

o⠀⠀A sustentabilidade e a responsabilidade corporativa continuarão a ser fatores-chave para o sucesso empresarial. Ao adotar práticas sustentáveis, as empresas podem não só contribuir positivamente para a sociedade e o ambiente, mas também reforçar a sua posição e competitividade no mercado.

Evolução do marketing influenciador

1. **Introdução :**

o⠀⠀O marketing de influência, que envolve

trabalhar com indivíduos influentes para promover produtos ou serviços, teve um rápido crescimento. Esta seção examina a evolução passada e as tendências futuras do marketing de influenciadores.

2. **Diversificação de Plataformas:**

o   Embora plataformas como Instagram e YouTube continuem populares para o marketing de influenciadores, outras plataformas emergentes, como TikTok e Twitch, estão ganhando importância. As marcas procuram aproveitar esses novos canais para alcançar públicos diversos.

3. **Aumento de microinfluenciadores:**

o   Os microinfluenciadores, com públicos menores, mas altamente engajados, estão se tornando cada vez mais populares entre as marcas. Sua autenticidade e proximidade com seu público geralmente proporcionam melhor envolvimento e maior ROI.

4. **Medição de desempenho e ROI:**

o   O foco está em medir com precisão o desempenho e o retorno do investimento no marketing de influenciadores. As marcas usam ferramentas e tecnologias avançadas para rastrear o envolvimento, o alcance e o impacto das campanhas de influenciadores.

5. **Conteúdo de qualidade e autenticidade:**

o A autenticidade continua sendo um elemento-chave para o sucesso no marketing de influenciadores. Os consumidores procuram conteúdo autêntico e de qualidade, em vez de mensagens promocionais óbvias. Os influenciadores são, portanto, incentivados a criar conteúdo que reflita verdadeiramente suas próprias vozes e estilos.

6. **Relacionamentos de longo prazo:**

o As marcas estão caminhando para parcerias de longo prazo com influenciadores, em vez de colaborações pontuais. Esses relacionamentos duradouros ajudam a construir consistência da marca e aumentar a fidelidade do público.

7. **Integração de Realidade Aumentada:**

o O uso da realidade aumentada no marketing de influenciadores está em alta, proporcionando experiências imersivas e interativas. Os influenciadores podem usar AR para apresentar produtos de uma forma mais envolvente.

8. **Ética e Transparência:**

o Questões de ética e transparência tornam-se cruciais. Os influenciadores e as marcas são cada vez mais obrigados a divulgar claramente as parcerias pagas e a aderir às diretrizes de publicidade.

9. **Influenciadores virtuais e de IA:**

o   O surgimento de influenciadores virtuais, criados por inteligência artificial, representa uma nova fronteira no marketing de influenciadores. Essas personas digitais podem fornecer controle exclusivo da marca e disponibilidade constante.

10. **Conclusão:**

o   O futuro do marketing de influenciadores será caracterizado por uma maior diversificação de plataformas, foco na autenticidade e qualidade do conteúdo e no uso de tecnologias avançadas para medição e engajamento. As marcas que se adaptarem a estes desenvolvimentos continuarão a beneficiar do poderoso impacto do marketing influenciador.

Tecnologias emergentes

1. **Introdução:**

o   As tecnologias emergentes estão a moldar ativamente o futuro de vários setores, proporcionando novas oportunidades e desafios. Esta seção explora as principais tecnologias emergentes e seu impacto potencial nos negócios, na sociedade e no meio ambiente.

2. Inteligência Artificial e Aprendizado de Máquina:

o   A IA e o aprendizado de máquina continuam avançando, fornecendo recursos para análise avançada de dados, automação de processos e personalização de serviços. Essas tecnologias estão transformando setores como saúde, finanças, marketing e manufatura.

3. Blockchain e criptomoedas:

o   O Blockchain, além das criptomoedas, oferece aplicações promissoras em termos de segurança de dados, transparência de transações e descentralização. Tem o potencial de revolucionar áreas como a cadeia de abastecimento, a votação eletrónica e a gestão de direitos de autor.

4. Internet das Coisas (IoT):

o   A IoT conecta dispositivos cotidianos à Internet, permitindo a coleta e troca de dados. Esta maior conectividade abre possibilidades na gestão inteligente de casas e cidades, agricultura de precisão e manutenção preditiva na indústria.

5. Realidade Aumentada e Realidade Virtual:

o   AR e VR proporcionam experiências imersivas, mudando a forma como os consumidores interagem com produtos e marcas. Eles encontram aplicações em educação, entretenimento, varejo e imobiliário.

6. **Veículos Autônomos e Drones:**

o   Os avanços nos veículos autônomos e nos drones prometem transformar o transporte e a logística. Estas tecnologias poderão reduzir os acidentes rodoviários, otimizar a entrega de mercadorias e revolucionar o transporte pessoal.

7. **Impressão 3D e Fabricação Aditiva:**

o   A impressão 3D continua a evoluir, permitindo a produção rápida e personalizada de peças e produtos. Tem um impacto significativo em áreas como a indústria transformadora, a medicina (próteses, implantes) e a construção.

8. **Energias Renováveis e Tecnologias Verdes:**

o   As inovações em energias renováveis e tecnologias verdes são essenciais para enfrentar os desafios das alterações climáticas. Incluem o desenvolvimento de novas fontes de energia, materiais sustentáveis e práticas de produção ecologicamente responsáveis.

9. **Biotecnologia e Medicina Personalizada:**

o   Os avanços na biotecnologia e na medicina personalizada oferecem perspectivas promissoras para o tratamento de doenças complexas e para a personalização dos cuidados de saúde, com base na genética individual.

10. Cibersegurança e proteção de dados:

o   Com o aumento da conectividade e dos dados gerados, a segurança cibernética está se tornando um grande problema. As tecnologias emergentes nesta área visam proteger informações sensíveis e prevenir ataques cibernéticos.

11. Conclusão:

o   As tecnologias emergentes representam um imenso potencial para transformar indústrias e melhorar a qualidade de vida. No entanto, também levantam questões éticas, regulamentares e de segurança que precisam de ser abordadas. As empresas e corporações que adaptarem e integrarem estas tecnologias de forma responsável e inovadora estarão melhor preparadas para o futuro.

Previsões do comportamento do consumidor

1. Introdução:

o   Compreender e antecipar o comportamento do consumidor é crucial para as empresas que desejam permanecer competitivas. Esta secção explora previsões sobre a evolução dos comportamentos dos consumidores, influenciados pelas mudanças tecnológicas, sociais e económicas.

2. **Aumento da Consciência Ecológica:**

o   Os consumidores estão cada vez mais conscientes das questões ambientais. Espera-se uma procura crescente por produtos sustentáveis, éticos e ecológicos. As empresas terão, portanto, de integrar práticas sustentáveis nas suas ofertas para satisfazer estas expectativas.

3. **Preferência por experiências personalizadas:**

o   A personalização está se tornando um fator chave nas decisões de compra. Os consumidores esperam experiências personalizadas, seja no comércio eletrónico, no marketing ou no atendimento ao cliente. As empresas precisarão usar dados e IA para oferecer experiências personalizadas.

4. **Maior uso de tecnologias digitais:**

o   Com a crescente digitalização, os consumidores continuarão a adotar e a adaptar-se às novas tecnologias. Isto inclui o aumento do uso de plataformas de comércio eletrônico, aplicativos móveis e assistentes de voz para compras.

5. **Busca por Autenticidade e Transparência:**

o   Os consumidores valorizam a autenticidade e a transparência nas marcas. É cada vez mais provável que pesquisem informações sobre produtos e empresas antes de tomar decisões de compra e prefiram marcas que sejam honestas e abertas.

6. Sensibilidade às questões sociais:

o   As questões sociais, como a igualdade, a diversidade e a inclusão, influenciam cada vez mais as escolhas dos consumidores. As empresas precisarão mostrar seu comprometimento com essas questões para manter uma forte conexão com seu público.

7. Preferência por compras online:

o   Espera-se que a tendência para as compras online, acelerada pela pandemia da COVID-19, continue. Os consumidores valorizam a conveniência, a variedade e muitas vezes os melhores preços disponíveis online.

8. Solicitação de serviços rápidos e eficientes:

o   Os consumidores esperam serviços rápidos e eficientes. Entrega rápida, facilidade de devolução e atendimento ao cliente ágil serão fatores-chave para conquistar e reter clientes.

9. Evolução dos Métodos de Pagamento:

o   Os métodos de pagamento continuarão a evoluir, com uma maior adoção de pagamentos sem contacto, carteiras digitais e talvez criptomoedas, proporcionando maior comodidade e segurança.

10. **Conclusão:**

o   As empresas devem permanecer atentas a estas mudanças no comportamento do consumidor para adaptarem as suas estratégias em conformidade. Compreender e satisfazer as crescentes expectativas dos consumidores será essencial para proporcionar experiências relevantes e envolventes e manter uma vantagem competitiva num mercado em constante mudança.

Perguntas frequentes sobre marketing digital

1. **O que é marketing digital?**

o   Resposta: O marketing digital abrange todas as atividades de marketing que utilizam canais digitais para promover produtos ou serviços. Isso inclui SEO, marketing de conteúdo, mídia social, marketing por email, publicidade online e muito mais.

2. **Como o SEO pode beneficiar meu**

negócio?

o   Resposta: SEO (Search
Engine Optimization) ajuda a melhorar a
visibilidade do seu site nos motores de
busca. Isso pode levar ao aumento do
tráfego orgânico, melhor credibilidade da
marca e, em última análise, aumento das
vendas e conversões.

3. **Qual a importância das mídias sociais no
marketing digital?**

o   Resposta: A mídia social permite que as
empresas alcancem e envolvam um grande
público. Eles oferecem oportunidades
únicas para construção de marca,
publicidade direcionada, envolvimento do
cliente e obtenção de feedback direto do
consumidor.

4. **Qual é a diferença entre marketing de
entrada e de saída?**

o   Resposta: O inbound marketing
se concentra na criação de conteúdo de
qualidade para atrair clientes para o seu
negócio, enquanto o outbound marketing
envolve abordagens mais diretas, como
anúncios e ligações não solicitadas, para
obter vendas.

5. **Como medir a eficácia de uma campanha
de marketing digital?**

o   Resposta: A eficácia pode ser medida
usando várias métricas, como tráfego

do site, taxa de conversão, engajamento na mídia social, ROI (retorno sobre o investimento) e outros KPIs (indicadores-chave de desempenho).

6. **O que é marketing de conteúdo?**

o   Resposta: O marketing de conteúdo envolve a criação e o compartilhamento de materiais informativos e relevantes (como blogs, vídeos, infográficos) para atrair e reter um público-alvo e, em última análise, para impulsionar a ação do cliente.

7. **Quais são as vantagens da publicidade online paga?**

o   Resposta: A publicidade online paga, como os anúncios Pay-Per-Click (PPC), oferece visibilidade imediata, segmentação precisa do público e a capacidade de medir diretamente a eficácia de seus anúncios.

8. **Como o marketing digital evoluiu com a tecnologia móvel?**

o   Resposta: Com o aumento do uso de smartphones, o marketing móvel tornou-se crucial. Isso inclui otimização de sites para dispositivos móveis, aplicativos móveis, marketing de SMS e estratégias de conteúdo otimizadas para dispositivos móveis.

9. **O que é automação de marketing e como ela pode ajudar meu negócio?**

o   Resposta: A automação de marketing usa software para automatizar tarefas repetitivas de marketing. Isto pode melhorar a eficiência, reduzir erros humanos e permitir uma comunicação personalizada em grande escala.

10. **Como integrar o desenvolvimento sustentável ao marketing digital?**

o   Resposta: Integrar a sustentabilidade envolve a promoção de práticas éticas e amigas do ambiente nas suas estratégias de marketing, a comunicação dos seus esforços de sustentabilidade e a adopção de práticas empresariais que apoiem a responsabilidade social e ambiental.

OBRIGADO

Ao escrever este livro, tive o privilégio de contar com o conhecimento, a experiência e o apoio de muitas pessoas excepcionais. É importante para mim reservar um momento para expressar minha gratidão a todos que contribuíram para a conclusão deste trabalho.

Em primeiro lugar, gostaria de agradecer aos meus colegas e mentores na área de marketing digital. Sua experiência, insights e conselhos foram uma fonte inestimável de inspiração ao longo deste projeto. Suas contribuições para o mundo do marketing digital continuam a moldar a indústria e sua influência está refletida nas páginas deste livro.

Agradecimentos especiais à equipe editorial e aos revisores pelo seu trabalho árduo, atenção aos detalhes e compromisso em manter a mais alta qualidade. Seu profissionalismo e dedicação melhoraram muito este manuscrito e estou profundamente grato por seu apoio durante todo este processo.

Gostaria também de expressar a minha gratidão à minha família e amigos pelo apoio inabalável, incentivo e paciência. Sua compreensão e apoio durante as longas horas gastas escrevendo e pesquisando foram um pilar da minha motivação e perseverança.

Um agradecimento especial à comunidade de marketing digital – profissionais, acadêmicos, estudantes e entusiastas – por sua incansável curiosidade e sede de aprender. Seu compromisso com a excelência e a inovação continua a inspirar meu trabalho e pensamento.

Por fim, gostaria de agradecer a cada leitor que optou por se aprofundar neste livro. Seu interesse por marketing digital e seu desejo de se desenvolver profissionalmente são a razão deste livro. Espero que você encontre nestas páginas informações valiosas, ideias inspiradoras e estratégias práticas para navegar no mundo dinâmico do marketing digital.

Atenciosamente,
Vicente Lefebvre